ARCHE

Katharina Hagena

HERZKRAFT

Ein Buch über das Singen

ARCHE

Katharina Hagena, geboren 1967 in Karlsruhe, studierte Anglistik und Germanistik in Marburg, London und Freiburg. Sie schrieb zwei Bücher über James Joyce, bevor sie 2008 den Roman *Der Geschmack von Apfelkernen* veröffentlichte. Das Buch wurde in 26 Sprachen übersetzt und für das Kino verfilmt. Es folgten *Vom Schlafen und Verschwinden* (2012), *Das Geräusch des Lichts* (2016), *Mein Spiekeroog* (2020) und *Flusslinien* (2025). Katharina Hagena lebt mit ihrer Familie in Hamburg und singt mit Freude in verschiedenen Chören und Ensembles.

Für Johann und Mathilda

Wünschelrute

Schläft ein Lied in allen Dingen,
Die da träumen fort und fort,
Und die Welt hebt an zu singen,
Triffst du nur das Zauberwort.

Joseph von Eichendorff

Inhalt

Die Töne

Ihr tiefen Seelen, die im Stoff gefangen,
Nach Lebensodem, nach Befreiung ringt;
Wer löset eure Bande dem Verlangen,
Das gern melodisch aus der Stummheit dringt?
Wer Töne öffnet eurer Kerker Riegel?
Und wer entfesselt eure Aetherflügel?

Einst, da Gewalt den Widerstand berühret,
Zersprang der Töne alte Kerkernacht;
Im weiten Raume hier und da verirret
Entflohen sie, der Stummheit nun erwacht,
Und sie durchwandelten den blauen Bogen
Und jauchzten in den Sturm der wilden Wogen.

Sie schlüpften flüsternd durch der Bäume Wipfel
Und hauchten aus der Nachtigallen Brust,
Mit muthigen Strömen stürzten sie vom Gipfel
Der Felsen sich in wilder Freiheitslust.
Sie rauschten an der Menschen Ohr vorüber,
Er zog sie in sein innerstes hinüber.

Und da er unterm Herzen sie getragen,
Heist er sie wandlen auf der Lüfte Pfad
Und allen den verwandten Seelen sagen,
Wie liebend sie sein Geist gepfleget hat.
Harmonisch schweben sie aus ihrer Wiege
Und wandlen fort und tragen Menschenzüge.

Karoline von Günderrode
1780–1806

Masken

Während meiner Arbeit an diesem Buch bestimmt Corona immer noch große Teile meines Lebens. Seit einem Jahr habe ich in keinem Vokalensemble mehr gesungen. Davor sang ich bis zu dreimal pro Woche in unterschiedlichen Formationen. *Corona*, das bedeutet für mich und viele andere vor allem: *ohne Chor*, ohne meine eigenen Chöre, ohne fremde Chöre, ohne Oper, ohne Elbphilharmonie und ohne die Sängerin Emma Kirkby, deren Renaissancemusik ich so liebe und auf deren Konzert ich mich anderthalb Jahre gefreut hatte, bevor es kurzfristig abgesagt wurde, wie alles andere auch.

Ich lebe inzwischen fast ohne Gesang, abgesehen von dürftigen Duetten mit dem Küchenradio und zerstückelten Soli in der Dusche. Anfangs ging ich manchmal tagsüber in die Kirche und sang mit einer sieben Meter entfernt stehenden Freundin eine halbe Stunde lang zweistimmig, aber meistens wurden wir von den Organisten verscheucht, dann gab es wieder Verschärfungen, und inzwischen kann man die Kirche ohnehin nicht mehr ohne Maske betreten. Zudem ist Singen jetzt verrufen. Onlinesingen habe ich ausprobiert, aber das klappt nicht, denn es zeigt mir vor allem, was mir fehlt.

Dass Singen etwas Gesundheitsgefährdendes ist, dass es angeblich zu Massenansteckungen führen kann, bedrückt mich, selbst wenn neuere Studien besagen, dass die Massenansteckungen bei Chorsängerinnen und Chorsängern eher den Begrüßungsritualen und dem Schwätzchenhalten geschuldet seien. »Wo man singt, da lass dich ruhig nieder«, wurde mir in der Kindheit weisgemacht. Doch nun heißt es, wo man singt, da mach dich schnell vom Acker.

Ich war letzten Sommer auf einer Beerdigung, bei der wir hinter der Maske ein bisschen summen konnten, und allein das Summen von »Geh aus mein Herz« hat mich schon erfreut, auch wenn mein Herz nur wahrhaft ausgehen kann, wenn sich der Mund dabei öffnen darf. Beim Summen mit Maske fühlte ich – genau wie in jenem Gedicht der Günderrode – wie meine Töne »im Stoff gefangen (…) nach Befreiung« rangen, und wie sie fragte ich mich: »Wer löset eure Bande dem Verlangen, / Das gern melodisch aus der Stummheit dringt?«

Die Maske, die wir zurzeit überall tragen müssen, macht, dass wir undeutlich artikulieren; die Laute, die durch die Maske dringen, klingen dumpf. Und doch erkenne ich manche Maskierten – vor allem, wenn sie noch dazu Mütze und Sonnenbrille tragen – erst, wenn sie mich durch die Maske ansprechen. Zudem kann man an der Stimme immer noch hören, ob jemand lächelt.

Die Person hinter der Maske spricht und ist damit zu erkennen, ja das Wort *Person* bedeutet selbst »Maske«. Mit *persona* war in der Antike die Theatermaske gemeint, die vor allem die Mitglieder des, ja, da ist er wieder, des *chorus* trugen. Aber auch die einzelnen Akteure hatten solche Masken auf, um die typischen Merkmale ihrer Rolle sichtbar zu machen. Die klassische *persona* hatte, anders als eine Corona-Maske, am Mund eine Öffnung, sodass die Stimme »hindurchklingen« konnte, was auf Latein *personare* heißt. Die Stimme allein definiert also die Person.

Die Stimme vermag durch alle unsere Masken, die sichtbaren wie die metaphorischen, zu dringen. Deshalb ist es beim Singen das Wichtigste, die *eigene* Stimme zu finden und zu benutzen.

Natürlich ist es schön, eine »große« Stimme zu haben, mit der man Wagner-Arien locker wegschmettert, oder einen Stimmumfang von vier Oktaven aufweisen zu können oder eine perlende Koloratur mit der Beweglichkeit von Quecksilber oder ein Power-Vibrato, das schon fast unter Jodeln fällt. Technik ist gut, aber nur, wenn sie die eigene, *persönliche* und damit einzigartige Stimme unterstützt.

Das Gleiche gilt übrigens auch für das Schreiben, das eng mit dem Singen verwandt ist. In der Stimme, singend oder schreibend, tritt dein Inneres nach außen.

Die Stimme zu verstellen geht immer nur für einen kurzen Moment gut, wie beim Märchen vom Wolf, der die sieben Geißlein zu überlisten versucht, indem er seine Stimme durch den Verzehr von Kreide ziegenähnlich macht. Es nützt also nichts, wenn ich versuche, so kristallin zu singen wie Emma Kirkby oder so kraftvoll wie Adele. Oder wenn es andere versuchen, die es von vornherein schon besser konnten als ich. Ich empfinde einen fast körperlichen Widerwillen gegen »gefakte« Stimmen. Sie ärgern mich, egal wie gekonnt sie singen – oder sprechen. Ich fühle mich immer irgendwie betrogen, genau wie jene sieben Geißlein.

Erst wenn deine Stimme den Weg durch alle Masken schafft, sei es eine Geißenmaske, die Maske der Person, die du gern wärst oder von der du glaubst, dass andere gerne hätten, dass du sie wärst, vermag diese Stimme Menschen zu berühren. Sogar in Zeiten, da Berührungen verboten sind. Gerade dann.

Noch bist du da

Wirf deine Angst
in die Luft

Bald
ist deine Zeit um
bald
wächst der Himmel
unter dem Gras
fallen deine Träume
ins Nirgends

Noch
duftet die Nelke
singt die Drossel
noch darfst du lieben
Worte verschenken
noch bist du da

Sei was du bist
Gib was du hast

Rose Ausländer
1901–1988

Fliegen

Immer wenn ich singe, schwimme oder Schlittschuh laufe, glaube ich, dem Fliegen so schon sehr nahe zu kommen. Das bedeutet nicht, dass es nicht noch andere Dinge gäbe, bei denen man sich fühlt, als flöge man: Paragliding, Drachenfliegen, Kitesurfen, Trapezturnen oder Seiltanzen mögen ähnliche Empfindungen hervorrufen, aber Hilfsmittel, die größer und komplexer sind als ein Paar Schuhe mit Kufen, zählen für mich nicht.

Singen, wenn es einmal gelingt, fühlt sich vielleicht auch deshalb an wie Fliegen, weil es schließlich eine Art Flug ist: Mit der Stimme schweben wir über unserem eigenen Luftstrom. Sich zusammenziehend saugt das Zwerchfell die Luft an, die Lunge verströmt sie, die Stimmbänder schwingen darin, und die Stimmlippen steuern. Je sicherer und leichter und virtuoser wir uns in und auf der Luft bewegen können, desto beglückender der Höhenflug. Singend werfen wir mit unserer Stimme »die Angst in die Luft«, wie in jenem Gedicht von Rose Ausländer, in dem zumindest noch »die Drossel« singt.

Wenn das Singen also ist wie Fliegen, dann muss es natürlich auch wie Schlittschuhlaufen oder Schwimmen sein. Die Gefahren bei allen vier Tätigkeiten sind sich ähnlich: abstürzen, einbrechen, absinken, keine Luft mehr kriegen, untergehen. Die ersten gesungenen Töne nach langer Zeit sind wie der Moment, in dem meine

Kufen im Winter zum ersten Mal den zugefrorenen See berühren. Erst bin ich noch ein wenig aufgeregt und wackelig, aber bald gleite ich über die weite Fläche und möchte mich eigentlich nie wieder anders fortbewegen.

Es mag sein, dass ich dies nur so empfinde, weil Winter ist, während ich dies schreibe. Wäre es draußen heiß, würde ich möglicherweise sagen, die ersten Töne seien wie das Schwimmen im See an einem späten Sommernachmittag: Beim Hineingehen bin ich erst atemlos, schaue mich noch etwas unsicher nach den anderen um, doch bald ziehe ich meine eigene Bahn durch das große, grüne Wasser, und je länger ich schwimme, desto weniger platscht und schäumt es um mich herum, bis ich mich fühle wie ein Fisch oder wie jene schlängelnde Ringelnatter, die mir einmal mitten auf dem See begegnet ist.

Ich habe Sängerinnen und Sänger gefragt, wie sich Singen für sie anfühlt: Baden in Luft- und Klangstrom, Seelenfreiflug, eine Schwingung, die vollkommene Durchlässigkeit. Wenn es gut läuft, wie Fliegen, wenn nicht, den Tränen nahe.

Fliegen, Baden, Strömen, Schwingen, Tränen – all dies sind Bilder von Luft und Wasser. Singen ist also wie ein Elementenwechsel, ja es ist, als könnten wir singend die Schwerkraft überwinden, und doch sind wir dabei so geerdet wie selten. Wir stellen die Füße bewusst nebeneinander, je weniger Absatz zwischen Fußsohle und Boden, je größer die Kontaktfläche zwischen uns und der Erde, desto besser: Um leicht zu singen, müssen wir uns schwer machen, uns auf das Zwerchfell konzentrieren, das Becken, auf Körperteile, die nicht im Kopf sind.

Eine Gesangslehrerin sagte mir einmal, ich müsse mehr mit den Oberschenkeln singen. Und ich glaube, sie meinte, ich müsse meine Töne besser gründen, tiefer im Körper verankern. Wenn wir aus voller Kehle singen, heißt das nicht, dass wir besonders viel *mit* der Kehle singen müssen. Im Zwerchfell entscheidet sich eher die Qualität meines Gesangs. Oder in der Stärke der Luftsäule, die, gefühlt, von meinen Fußsohlen bis zur Schädeldecke und noch ein Stück darüber hinaus reicht. Je höher mein Ton, desto tiefer muss ich ihn spüren. Singen ist immer beides zugleich: Erde und Luft, durchlässig und kraftvoll, Fluss und Form.

Das Hirtenfeuer

Dunkel, dunkel im Moor,
über der Heide Nacht,
nur das rieselnde Rohr
neben der Mühle wacht,
und an des Rades Speichen
schwellende Tropfen schleichen.

Unke kauert im Sumpf,
Igel im Grase duckt,
in dem modernden Sumpf
schlafend die Kröte zuckt,
und am sandigen Hange
rollt sich fester die Schlange.

Was klimmt dort hinterm Ginster
und bildet lichte Scheiben?
Nun wirft es Funkenflinster,
die löschend niederstäuben;
nun wieder alles dunkel –
ich hör' des Stahles Picken,
ein Knistern, ein Gefunkel,
und auf die Flammen zücken.

Und Hirtenbuben hocken
im Kreis umher, sie strecken
die Hände, Torfes Brocken
seh ich die Lohe lecken;
da bricht ein starker Knabe
aus des Gestrüppes Windel
und schleiftet nach im Trabe
ein wüst Wacholderbündel.

Er läßt's am Feuer kippen –
hei, wie die Buben johlen
und mit den Fingern schnippen
die Funken-Girandolen!
Wie ihre Zipfelmützen
am Ohre lustig flattern,
und wie die Nadeln spritzen,
und wie die Äste knattern!

Die Flamme sinkt, sie hocken
aufs neu umher im Kreise,
und wieder fliegen Brocken,
und wieder schwelt es leise;
glührote Lichter streichen
an Haarbusch und Gesichte,
und schier Dämonen gleichen
die kleinen Heidewichte.

Der da, der Unbeschuhte,
was streckt er in das Dunkel
den Arm wie eine Rute,
im Kreise welche Gemunkel?
Sie spähn wie junge Geier
von ihrer Ginsterschütte:
ha, noch ein Hirtenfeuer,
recht an des Dammes Mitte!

Man sieht es eben steigen
und seine Schimmer breiten,
den wirren Funkenreigen
übern Wacholder gleiten;
die Buben flüstern leise,
sie räuspern ihre Kehlen,
und alte Heideweisen
verzittern durch die Schmehlen.

»Helo, helo!
Heloe, loe!
Komm du auf unsre Heide,
wo ich mein Schäflein weide,
komm, o komm in unser Bruch,
da gibt's der Blümelein genug! –
Helo, heloe!«

Die Knaben schweigen, lauschen nach dem Tann,
und leise durch den Ginster zieht's heran:

Gegenstrophe.

»Helo, heloe!
Ich sitze auf dem Walle,
meine Schäflein schlafen alle,
komm, o komm in unsern Kamp,
da wächst das Gras wie Bram so lang! –
Helo, heloe!
Heloe, loe!«

Annette von Droste-Hülshoff
1797–1848

Mundorgel

Wenn einem im Auto leicht schlecht wird, hilft nur eines: singen. Ich weiß nicht genau, warum das so ist. Vielleicht hat es etwas mit der kontrollierten Atmung zu tun oder mit dem in die Ferne gerichteten Blick. Denn wenn die Augen nichts am Wegesrand festhalten, wird es ihnen auch nicht sofort wieder entrissen, der Gleichgewichtssinn wird nicht überfordert, und niemand muss sich erbrechen. So könnte es sein. Vielleicht klappt das aber auch nur in unserer Familie, weil wir es uns einbilden? Aber es klappt wirklich.

Meiner Mutter wurde eigentlich immer schlecht, wenn die Fahrt länger als eine Viertelstunde ging, mir nur auf dem Rücksitz und wenn die Straße kurvig war. Sobald wir also einen Ausflug machten, und besonders wenn wir uns über die Oberrheinische Tiefebene hinaus Richtung Schwarzwald oder gar Alpen bewegten, mussten wir eigentlich ununterbrochen singen.

Die ersten zwei oder drei Strophen von vielen Volksliedern kannten wir auswendig, meine Eltern kamen beide aus sangesfreudigen Familien. Meine Mutter war in einem großen Haus auf dem Land aufgewachsen, da sang immer jemand bei der Arbeit in der Küche oder im Garten. Und manchmal kam ihr Vater gutgelaunt aus dem Büro und sang selbstausgedachte Spott- und Quatschlieder auf unterschiedliche Familienmitglieder. Während ihrer Kindheit in den Vierzigerjahren wurden in der Schule noch viele Lieder gesungen und Gedichte auswendig gelernt, besonders von Theodor Storm und Annette von Droste-Hülshoff, in denen von Moor und Heide die Rede war, denn Moor und Heide gab es dort, wo meine Mutter herkam, auch. In den Versen der Droste ist alles vereint: Da werden Lieder in Moor und Heide gesungen und – helo, heloe – das Ganze noch bedichtet.

Mein Vater war ein Pastorenkind, und seine beiden Großväter waren auch schon Pastoren gewesen – es war also völlig klar, dass in seiner Familie zu allen Gelegenheiten Choräle angestimmt wurden. Da er schon als Kind in einem kirchlichen Posaunenchor das Flügelhorn spielte, wusste er intuitiv zu jeder Melodie sofort eine Begleitstimme zu singen, eine Fähigkeit, die mir als Kind wie eine Art Superkraft erschien.

Meine Eltern kannten zwar viele Lieder, aber nicht von allen Liedern alle Strophen. Oder nicht dieselben Strophen. So nahmen wir auf längeren Strecken meistens die *Mundorgel* zu Hilfe. Sie lag im Handschuhfach des Autos, ein kleines, zerfleddertes rotes Liederbüchlein in nicht ganz quadratischem Format. Es hatte keine Noten, sondern nur Texte und ein paar krakelige Illustrationen, die irgendwie bedrückend wirkten. Doch vielleicht war mir einfach immer nur schlecht. Und Bilder anschauen beim Autofahren hilft nicht. Aber eigentlich passten diese schwarzen Zeichnungen ganz gut, denn obwohl es durchaus viele fromme Lieder in der *Mundorgel* gab, waren andere äußerst bösartig. Einige wiederum sollten lustig sein, aber ich fand sie genauso bedrückend wie die Bilder.

Zum Beispiel das Lied von jener Ziege, die von einem Bauern mit einem Strick hinten an den Zug gebunden und brutal durch Süddeutschland geschleift wird. Natürlich kommt es zu einem Blutbad, und das nur, weil dieser schwäbische Bauer zu geizig ist, um zwei Fahrkarten zu kaufen. Wir sangen dieses Lied auch in der Schule. Wahrscheinlich steht es auf allen baden-württembergischen Lehrplänen, aber ich kann den Oberschulräten dieses Bundeslandes nur zurufen, dass sich, solange dieses Lied in badischen Schulen gesungen wird, der Graben zwischen Baden und Württemberg nie vollständig schließen wird: Der Strick einer erst strangulierten und dann enthaupteten Geiß wird immer zwischen uns passen.

Ein anderes Lied aus der *Mundorgel*, das ich eigentlich ganz gern sang, aber vor dem mir dennoch graute, war das von einem Psychopathen, der in Pankow erst sein jüngstes Kind im Gewühl verliert und dann feiern geht. Er massakriert fünf Leute mit dem Messer, und obwohl er zu Hause von seiner Frau verdroschen wird, stört es letztlich niemanden, dass er wahrscheinlich ein Alkoholproblem hat, Kindesmisshandler und mehrfacher Mörder ist. Zwar unternimmt dieser tief gestörte Mann am Ende einen Selbstmordversuch, aber sein Jüngster bleibt verschwunden, und niemand scheint ihn zu vermissen, im Gegenteil, alle amüsieren sich köstlich. Obwohl mich Herr Bolle befremdete, habe ich mich jedes Mal singend mit ihm solidarisiert. Bei allem Unbehagen faszinierte mich seine wilde, ja verzweifelte Unbekümmertheit. Und Frau Bolle machte sich viel weniger Sorgen als meine Mutter. Und bestimmt wurde ihr auch nicht im Auto schlecht.

Ein Lied, das meine zu norddeutscher Schwermut neigende Mutter besonders fröhlich machte, war das Lied mit dem Hasen aus dem tiefen Tal (»singing holly, polly, doodle all the day«), der sich nach einer Fallschirm-Notlandung im Parkverbot wiederfindet und sofort von einem Polizisten ins Gefängnis gesperrt wird, und zwar bei trocken Brot und Gänsewein. Ich weiß noch, wie ungläubig ich war, als man mir erklärte, dass Gänsewein Wasser war. Jahrelang hatte ich mir darunter etwas vorgestellt, das nach dem Schmalz schmeckte, das meine Mutter jedes Jahr aus dem Fett der Weihnachtsgans herstellte. Mein Bruder empörte sich darüber, dass der Hase nur wegen Falschparkens in den Bau kam – mein Bruder wurde später Jurist. Deshalb war das Lied *Die Affen rasen durch den Wald* dasjenige, das er aus der *Mundorgel* am liebsten mochte, »Der eine macht den anderen kalt«, nein, auch dies war kein familienfreundliches Friedenslied. Doch mein Bruder fand es ohnehin nervtötend, ständig im Auto zu singen. Ihm wurde nie schlecht, und er verstand die Bedrängnis nicht, aus der meine Mutter und ich ein Lied nach dem anderen anstimmten, immer eine Hand am Türgriff, damit wir, wenn die Straße zu kurvig wurde, nicht ins Auto spuckten.

Es gab Tage, da half nicht einmal mehr die *Mundorgel*, denn bisweilen schlich sich die Übelkeit unbemerkt heran, und dann kam schon der Punkt, an dem einem zu schlecht war, um mit dem Singen überhaupt zu beginnen.

Doch eigentlich habe ich mich immer gefragt, ob meine Reiseübelkeit durch unser kleines Liederbüchlein im Handschuhfach nicht vielleicht verstärkt oder gar verursacht wurde. *Die Mundorgel* war so ein seltsamer Name, unter dem ich mir nichts Gutes vorstellen konnte. Im zwinkernden Gesicht auf dem Umschlag erkannte ich damals keinen Mundharmonikaspieler, sondern einen Mann, der sich, mit seiner Reiseübelkeit kämpfend, den Mund mit einem Brett zuhielt. Und war es nicht so, dass im Moment des Erbrechens alles Innere orgelnd durch den Mund nach außen geschleudert wurde? Der Mundorgelmann auf dem Umschlag zwinkerte keck, fast verschwörerisch, während er mit Brett vor dem Mund darauf wartete, dass es gleich aus ihm herausorgelte. Bestimmt würde er 'ne volle halbe Stunde kotzen und sich dennoch köstlich amüsieren. Wie Bolle.

Die Luft (Auszug)

9.
Dieses Wunder muß vor allem
Wohl erwegt seyn und bedacht.
Aller Stimmen Saiten Schallen,
Aller Töne süsse Macht
Werden in der Luft erzeuget,
Wenn sie sich in Circkeln beuget,
Und wie sich ein Wasser rührt,
So den Klang zum Ohre führt.

10.
Wer kann dieses Wunder fassen,
Daß sich einer Stimme Klang
So gar oft muß theilen lassen,
Da ein Wörtchen, ein Gesang
Dergestalt die Luft erreget,
Daß sie wallend sich beweget,
Und viel tausend Ohren füllt,
Was aus einem Munde quillt.

Barthold Heinrich Brockes
1680–1747

SATB

Bei YouTube gibt es viele Videos, auf denen Sängerinnen und Sänger mit sich selbst mehrstimmig singen. Zu jeder einzelnen Tonspur haben sie einen Filmclip von sich selbst aufgenommen und alles digital zusammengefügt. Eine Sängerin fängt meistens allein an, dann kommen ihre Doppelgängerinnen dazu, bis irgendwann ein kleiner Klon-Chor entsteht. Oft nimmt jede Einzelne auch noch die Rolle oder Attitüde an, die zu ihrer Stimme passt. So macht die, die hoch singt, vielleicht mehr Grimassen als die von den Mittelstimmen. Oder die mit den ganz tiefen Tönen blickt besonders gefasst in die Kamera. Und wenn eine ein Solo hat, schauen die anderen interessiert oder andächtig zu ihr hinüber, bis sie selbst wieder an der Reihe sind. Es ist manchmal witzig, bisweilen aber auch ein wenig irritierend, vielleicht weil es immer wirkt wie das Kokettieren mit einer dissoziativen Identitätsstörung. Die Harmonien dieser Aufnahmen klingen rein, fast synthetisch, und das nicht nur, weil sie digital bearbeitet sind, sondern auch, weil das Wesen der Harmonie eben nicht darin besteht, den Klangreichtum einer Stimme zu zeigen, sondern, im Gegenteil, Fremdes miteinander in Einklang zu bringen.

Mit den unterschiedlichen Stimmen unterschiedlicher Menschen werden Harmonien spannungsreicher und ausdrucksvoller. Das griechische Wort *armonia* bezeichnet nicht nur ein friedliches Verbinden, sondern bedeutet auch Gelenk, also ein Gefüge aus ungleichen und durchaus sperrigen Teilen, die erst im Zusammenspiel für einen reibungslosen Bewegungsablauf sorgen.

Der Reiz der Harmonie ist also gerade nicht die Vervielfältigung des Eigenen, sondern das Verschmelzen mit dem Anderen: So wird das gemeinsame Singen mit gemischten Stimmen zu einer flüchtigen Utopie, die mit dem letzten Akkord eines Liedes erlischt.

Diese Utopie ist Teil des »Wunders«, das der Aufklärer Barthold Heinrich Brockes in seinem aus neunundsiebzig Einzelgedichten bestehenden Zyklus *Die Luft* feiert: Die Stimmen schicken ihre Schallwellen in die Luft, und diese bewegte Luft trifft auf die Ohren der Hörenden – bis Letztere selbst ganz bewegt und getroffen sind.

Trotz der Einzigartigkeit dieses alltäglichen Wunders, trotz der Unverwechselbarkeit jeder Stimme, gibt es nur eine begrenzte Anzahl an Stimmlagen – SATB. Was sich anhört wie ein Privatfernsehsender, steht für Sopran, Alt, Tenor und Bass.

Der Sopran kommt vom italienischen Wort für oben, *sopra*, weil er immer ganz oben und über allen anderen schwebt. Durch seine besondere Frequenz hört man den Sopran oft am besten heraus, daher übernimmt er meistens die Melodie. Alt kommt vom lateinischen Wort *altus*, was sowohl hoch als auch tief bedeuten kann, und genau das gilt für den Alt: Früher bezeichnete er eine hohe Männerstimme, heutzutage eine tiefe Frauenstimme. Der Name Tenor kommt von *tenere*, halten, denn im reinen Männergesang hält er die Melodie, den *cantus firmus*. Ein Countertenor ist ein Mann, der die Altstimme oder sogar den Mezzosopran singt, also den etwas tieferen Sopran – allerdings singt er im Falsett. Falsett kommt von *falsch*, der Mann singt also in der falschen Stimme. Das klingt abwertend, weist aber vor allem darauf hin, dass der Sänger durch eine Technik, bei der er den Stellknorpel des Kehlkopfes zusammenpresst, in die Kopfstimme kommt und damit in die Höhe. Diese Stimme ist wie eine Zeitkapsel aus den Jahren bevor der Sänger in den Stimmbruch kam. Die Knabenstimme ist darin aufgehoben, und manche Männer finden leicht, andere nur sehr mühsam den Zugang dorthin zurück. Falsch ist am Falsett vor allem, dass der Countertenor ein Tenor ist, meistens ist er nämlich ein Bariton. Bariton bedeutet auf Griechisch »tiefer, schwerer Klang«, und Bass heißt »reichlich«, »stark«.

Echte Bässe, also solche, die sowohl stark als auch reichlich als auch wirklich tief sind, gibt es gar nicht so oft. Etwa fünf Prozent aller Männer sind echte Bässe, die meisten haben eher eine Baritonstimme. Die sogenannten »profunden Bässe« können noch bis zu einer Oktave unter anderen Bässen singen, aber sie sind sehr selten.

Vor vielen Jahren lehrte ich Deutsch am Trinity College in Dublin, und deshalb war ich dazu auserkoren, den damaligen Bundeskanzler Helmut Kohl bei seinem Gang über den Campus zu begleiten. Als wir die ganz und gar mit Holz ausgekleidete Bibliothek in der Long Hall betraten, sprach Kohl, gar nicht laut, mit meiner damaligen

Chefin, der irischen Germanistikprofessorin Eda Sagarra, stellte Fragen, lobte, machte höflich Bemerkungen. Doch seine Bass-Stimme hatte schon beim verhaltenen Sprechen eine solche Tiefe, dass das alte Parkett unter unseren Schuhen vibrierte. Wenn er in einer Unterhaltung seiner Stimme hin und wieder freien Lauf ließ, spürte man die Schwingungen bis zu den Knien. Hätte er angefangen zu singen, wären gewiss die beiden Reihen mit den fünfzig Gipsbüsten berühmter alter Männer, eine nach der anderen, von ihren schmalen Holzsäulen gekracht. (Ich habe Kohl nur ein einziges Mal singen hören, im Radio, bei der Berliner Kundgebung am 10. November 1989. Zusammen mit Willy Brandt und Walter Momper stimmte er im legendären »Schöneberger Rathauschor« die deutsche Nationalhymne an – und wie wüst sah die Mauer kurz danach aus!)

Nicht nur die dunkelste Tiefe, sondern auch die schwindelerregende Höhe der menschlichen Stimme hat die Kraft, alles und jeden hinzureißen. Bei den Spitzentönen des italienischen Kastraten-Soprans Farinelli fielen im achtzehnten Jahrhundert die Menschen reihenweise in Ohnmacht, und sie standen nicht einmal auf schmalen Holzsockeln. Lange Zeit dachte ich, dass ein Koloratursopran noch eine Extrareserve von Tönen oberhalb der Sopranstimme hat, aber das ist falsch. Die Koloratur, also Färbung, ist eher eine Fähigkeit, mit der man eine besonders schnelle Abfolge von Tönen besonders beweglich, geschmeidig und leicht singt. Wenn diese Triller noch dazu in der obersten menschenmöglichen Oktave stattfinden, ist die Wirkung natürlich umso aufregender. Früher gab es durchaus Koloraturtenöre, die aber im Laufe des Barock verschwanden. Ab der Romantik galt die Koloratur als künstlich und altmodisch. Und es stimmt, ich kann mir beim besten Willen keine Wagner-Sängerin vorstellen, die so zwitschert wie Mozarts Königin der Nacht, obwohl mir im einundzwanzigsten Jahrhundert daran nichts mehr verstaubt erscheint.

Natürlich gibt es heute immer noch Moden, nicht nur in der Komposition, sondern auch in der Technik und dem Ausdruck des Singens. So sind bei Konzerten und Oratorien die Zeiten der fetten Stimmen mit ihren auf jedem Ton voll ausgesungenen Mega-Vibrati eher passé. Und das Ansingen eines Tones von unten, einst der Inbegriff des gefühlvollen Ausdrucks, gilt inzwischen als vulgär. Die Stimme muss heute gut geführt, gern schlank und unbedingt wandelbar sein. Selbst Menschen mit riesigen Stimmen sollten in der Lage sein, hin und wieder hauchzart und ganz leise zu singen. In der Oper ist es hingegen gefragter, eine *große* Stimme zu haben, also stärker, höher und lauter – auch weil sie gegen immer größere und lautere Orchester in immer größeren und volleren Konzertsälen ankommen muss.

Unabhängig von der Mode und den Ansprüchen der Zeit besitzen die klassischen Stimmlagen SATB noch bestimmte Klangfarben, Timbres, zum Beispiel weich und lyrisch wie ein jugendlicher Liebhaber. Oder dramatisch und heldenhaft mit einem scharfen, metallischen Klang, als wäre die Stimme selbst ein Schwert. Hell, quirlig und leichtfüßig, so klingt die Soubrette, also die neckische

Zofe, Dienerin, Magd – Männerfantasie einer jugendlichen Dienstleisterin in Uniform.

Aber letztlich hat jede einzelne Stimme ihr eigenes Timbre. Das Wort kommt aus dem Griechischen, *tympanum*, bedeutet Trommel und bezeichnet damit ausgerechnet ein Instrument, das gar keine richtige Stimme hat. Die Trommel bildet keine Töne, sondern gibt eher durch ein Geräusch den Rhythmus vor. Jede Trommel ist ein wenig anders gespannt oder gestimmt, jede knallt, hallt, rasselt und vibriert auf ihre Weise, die eine dumpf, die andere spitz, die eine voll, die andere blechern, die eine mit vielen Ober- und Untertönen, die andere ganz flach, die eine Trommel lockt, die andere droht. Genau solche Mikrovibrationen geben einer menschlichen Stimme ihren individuellen Klang.

Doch die Trommel taucht noch an einer anderen Stelle des Körpers auf, denn das *Timbre* der Singenden bringt das *Trommelfell* der Hörenden zum Schwingen. Und so fügen sich Singen und Hören im Bild der Trommel schließlich zusammen wie die beiden Felle dieses Instruments.

Die Vögel singen im Regen am schönsten

Noch eh es Tag wird fällt Regen die Wolken wüten
verliern sich kennen kein Maß das perlt erdwärts auf die
Spitzen der Bäume fließt den Kiel der Pappeln entlang
geht von Nadel zu Nadel wirft sich auf Gras drückts
nieder bespringt zerbrechlichen Ehrenpreis trommelt den
Horizont aus der Welt

Die braunen Tauchenten laufen übers Wasser verlassen das
Schilf sind ganz von Wasser umgeben ihr Gefieder ist für
den fetten Regen gerüstet sie tauchen zum Grund des Sees
verraten den Aalen die Erde schwimmt

Den kleinen Vögeln in Baum und Strauch im Gras regnets
ins Nest wenn sie sich ducken ob sie die Flut überstehn
sie singen bloß und rufen lauter als die Tropfen Geräusch
machen schon unterscheide ich Kuckuck Drossel etliche
Tauben es fallen Grasmücken ein und die Spatzen über
dem Fenster geben ihr Weniges der Lärm ist groß und
voller Kunst.

Sarah Kirsch

1935–2013

Singvögel

Lange dachte ich, Singvögel sind die Vögel, die singen, genau wie in dem Lied, wo sie pfeifen, zwitschern, tirilieren. Inzwischen weiß ich, dass krächzende Raben, kreischende Eichelhäher und keckernde Elstern ebenfalls dazugehören. Obwohl diese Tiere schreien, sind sie keine Schreivögel, die es auch gibt, wenngleich nicht in Europa. Die Einteilung in Sing- und Schreivögel ist schwierig, weil singen, vor allem im Gegensatz zu schreien, ein so menschliches, ja geschmacksabhängiges Unterscheidungsmerkmal zu sein scheint: »Wat dem een sin Uhl, is dem annern sin Nachtigall«, heißt es in einem plattdeutschen Sprichwort. Ob Eule oder Nachtigall – wenn es um das Singen geht, darf man alles schön finden. Doch wenn man sich das Sprichwort genau anschaut, kann »Nachtigall« zwar für den einen etwas anderes bedeuten als für den anderen, aber dass der Nachtigallengesang als solcher immer für das Schöne steht, ist gesetzt. Ist die Nachtigall damit ein besserer Singvogel als zum Beispiel eine Saatkrähe? Und warum sind Singschwäne keine Singvögel? Und was ist mit jenem grauen Papagei aus dem kleinen Schreibwarenladen in jenem Freiburger Stadtteil, in dem ich vor langer Zeit wohnte und der eine sehr getragene Version von *La Paloma ade* zum Besten geben konnte? Ein singender Vogel ist offenbar noch kein Singvogel, erst recht nicht mit einem Lied über eine Taube, die trotz ihres melodischen Gurrens ebenfalls nicht zu den Singvögeln zählt.

Ob ein Vogel ein Sing- oder ein Schreivogel ist, hat weniger mit dem musikalischen Empfinden eines lauschenden Ornithologen zu tun als vielmehr mit der Anatomie des Vogels. Anders als beim einfacher gebauten Schreivogelstimmapparat wird der Gesang des Singvogels im unteren Kehlkopf gebildet. Dieser heißt Syrinx nach jener Nymphe, die sich aus Not in ein Schilfrohr verwandelte und dann von Pan zur Flöte umgearbeitet wurde, aber auf ihre Geschichte komme ich später noch einmal zurück.

Die Vogelstimme wird genau dort gebildet, wo sich die Syrinx in zwei Bronchienflügel spaltet. So kann ein Singvogel mit gerecktem Kopf – wenn also nichts abgeknickt oder im Weg ist – gewissermaßen volles Rohr durchsingen. Vögel brauchen oft nur Nanosekunden für eine Zwischenatmung, sodass es sich anhört, als wäre alles eine lange Phrase. Sie können zudem die beiden Membranen an ihrer Syrinx unabhängig voneinander bewegen und haben außer ihren Lungen noch kleine Luftsäcke überall in ihrem Körper. Diese befinden sich im Bauchraum und an allen größeren Knochen, ja sogar an den Flügeln, und können beim Einatmen mit Luft gefüllt werden. Durch Muskelkraft wird die Luft aus den Säckchen gepresst, strömt durch die Syrinx und erzeugt eine nicht enden wollende Reihe von Tönen. So stehen den Singvögeln Luftreserven zur Verfügung, die sie zum Singen genauso wie zum Fliegen einsetzen können, und zwar ohne unmittelbar zuvor eingeatmet zu haben. (Ein weiterer Beweis dafür, dass Singen und Fliegen verbunden sind.) Und weil die Singvögel die Membranen an ihrem Stimmkopf unabhängig voneinander bewegen können, sind sie imstande, mit sich selbst zweistimmig zu singen. Darum beneide ich sie glühend. Ums Fliegen natürlich auch. Wahrscheinlich gibt es aus diesem Grund so viele schöne Vogelgedichte: Die Hoffnung aller Schreibenden, fliegend zu singen, singend zu fliegen. In ganz seltenen Momenten kann es gelingen. Das ist eine zweischneidige Erfahrung, denn danach will man diesen *flow* immer wieder haben. Es nimmt mich daher nicht wunder, dass die protogermanische Wortwurzel **plew* sowohl dem Fliegen als auch dem Flow zugrunde liegt. Fliegen und Fließen sind in ihrem Ursprung verwandt, ja waren einst dasselbe, und im Singvogel, der sich fliegend in seinem Gesang verströmt, findet diese Vorstellung ihre Erfüllung.

Mein Lieblingsvogelruf ist aber gar nicht der eines Singvogels. Und ein Spitzenflieger ist er auch nicht: Wenn der Regenbrachvogel nachts am Meer seine weichen, welligen Triller ertönen lässt, klingt er, als bestünde er selbst aus Wasser (https://www.deutsche-vogelstimmen.de/regenbrachvogel/). Sein Ruf erfüllt mich mit einer starken, aber auf nichts gerichteten Sehnsucht. Er berührt mich fast noch stärker als das Lied der Nachtigall, das selbst so viele herrliche Lieder hervorgebracht hat, allen voran John Keats' *Ode to a Nightingale.* Dieses Gedicht, das in seiner herzzerreißenden Schönheit und Melancholie den Nachtigallengesang spiegelt, zerreißt seinerseits dem lauschenden lyrischen Ich das Herz.

In der Eberesche auf dem Feld vor dem Haus meiner Eltern singt von Mai bis Juli eine Nachtigall, aber nicht nur nachts. Sie singt den ganzen Tag lang, macht nachmittags ein paar Stunden Pause und fängt dann wieder an. Mitten im Sommer und bei Helligkeit. Als ich mit unserer Nachbarin darüber sprach, sagte sie, es seien sogar zwei Nachtigallen. Und richtig, danach konnte ich es auch hören. Sie führten eine Art Gespräch, und während der eine Vogel sang, schwieg der andere, wartete kurz, als müsste er über das Gehörte nachdenken und eine angemessene Erwiderung vorbereiten. Dann erhob er selbst die Stimme, aber nicht lauter oder aggressiver als sein Gesprächspartner, sondern in derselben gelassenen Ekstase.

Nachtigallenmännchen stecken singend ihr Revier ab. Ihr nicht enden wollender Gesang schwebt wie eine Kuppel, dicht und durchlässig zugleich, über den bis zur Unsichtbarkeit getarnten Nestern. Sie schützen ihre Familien durch Gesang. Ich wünschte, das könnte ich auch. Doch vielleicht ist ja das Schlaflied, das wir abends am Bett unserer Kinder singen, in seinem Kern genauso eine schützende Klangkuppel über einem Nest.

Als ich während der ersten Coronawelle fast jeden Samstag früh in der Lüneburger Heide wandern ging, rührten mich vor allem die Lerchen, die das machten, was ich nicht durfte: mit anderen so laut singen, wie sie wollten. Je höher sie stiegen, desto beherzter sangen sie, ja es schien, als flögen sie auf ihrem Gesang. Als würden sie überhaupt nur singend lebendig werden, sich durch Gesang in der Luft und am Leben halten.

Das ist nur scheinbar der Gegenentwurf zu jenem Schwan aus der griechischen Mythologie, der sterbend singt, und je näher er dem endgültigen Verstummen kommt, desto schöner sein Gesang.

»Der Lärm ist groß und voller Kunst«, heißt es am Ende von Sarah Kirschs Gedicht *Die Vögel singen im Regen am schönsten.* Allein durch das Lesen von Vogelnamen wie Kuckuck, Drossel, Taube, Spatz und Grasmücke wird ein Stimmenvielklang in unseren Köpfen erzeugt. Zudem scheint die Regenflut alle Punkte, Kommata, Versfüße und Zeilensprünge mit sich gerissen zu haben. Man muss schon eine Tauchente sein, um noch zu wissen, wo oben und unten ist, und um den Aalen zu verraten, dass die Erde schwimmt.

Aber natürlich verbinden wir weniger das Tauchen als das Fliegen der Vögel mit ihrem Gesang. Es ist für mich immer wieder ergreifend, dass Singvögel, die so leicht sind, als bestünden sie selbst nur aus Luft, so unermüdlich und vor allem so unwahrscheinlich laut zwitschern können. Wie oft habe ich schon im Sommer um halb fünf Uhr morgens die Fenster zugeknallt, weil der Vogellärm mich am Weiterschlafen hinderte. Der Gesang eines einzigen Zaunkönigs kann dieselbe Dezibel-Zahl erreichen wie die eines ganzen Kammermusikensembles. Er ist auf jeden Fall lauter als eine Klarinette und kaum leiser als eine Trompete. Vogelgesang hat Frequenzen, die weithin hörbar sind, viel weiter als menschliches Singen. Dabei singen Vögel und Menschen auf ganz ähnliche Weise. Und genau wie wir Menschen kommen Vögel nicht mit der Fähigkeit zu singen oder zu sprechen auf die Welt. Wie wir müssen sie es von anderen lernen. Unsere Atemluft strömt von der Lunge durch die Luftröhre in den Kehlkopf, dort bringt sie die Stimmbänder zum Schwingen. Dadurch öffnet sich die Stimmritze, die sich durch Unterdruck wieder schließt, Töne entstehen. Durch das Zusammenspiel der Muskeln mit der Luft kann die Stimmritze auf tausendstel Millimeter genau eingestellt werden. Bei Vögeln findet das alles viel weiter innen statt als beim Menschen. Sie singen also noch *inniger* als wir, an einer Stelle, die noch näher am Herzen liegt, vielleicht wird mir bei vielen Vogelrufen deshalb so weh ums Herz: Sie erinnern mich (Erinnern ist wie Singen etwas, das im *Inneren* stattfindet) an das, was nicht mehr ist, an Menschen, die ich einst liebte, an die Flüchtigkeit unseres Lebens, unserer Lieder, wohingegen das Lied des singenden Vogels weiterbestehen wird. »Einsames Vogelrufen, so war es immer schon«, heißt es in einem Gedicht von Theodor Storm, so schlicht und durchdringend wie ein Vogelruf. Doch selbst als ich noch klein war und, zumindest solange es draußen hell war, davon ausging, dass auch ich irgendwie für »immer« sein würde, schnürte es mir die Kehle zu, wenn abends die Amsel zu lange in der Weide sang. Und oft vermochte nur ein stimmloses, trockenes Schluchzen, das unwillkürlich meinem Brustkorb entfuhr, mich einen Augenblick lang von diesem Druck zu befreien.

Eurydike

I

So hast du mich nun zurückgefegt,
mich, die ich mit lebendigen Seelen
über der Erde hätte wandeln können,
mich, die ich inmitten lebendiger Blumen hätte schlafen
können,
endlich;

so werd ich nun wegen deiner Vermessenheit
und deiner Selbstsucht
zurückgefegt,
dorthin, wo tote Flechten
tote Schlacke träufeln auf das Aschemoos;

so bin ich nun wegen deiner Vermessenheit
endlich zerbrochen,
ich, die ich lebte ohne Bewusstsein,
die schon fast vergessen war,

hättest du mich warten lassen,
wäre aus meiner Trägheit Frieden geworden,
hättest du mich mit den Toten ruhen lassen,
hätte ich dich vergessen
und die Vergangenheit.

II

Hier nur Flamme um Flamme
und Schwarz inmitten roter Funken,
Schlieren von Schwarz und Licht,
farblos geworden;

warum drehtest du dich um,
damit die Hölle neu besiedelt würde
und ich
ins Nichts gefegt?

warum drehtest du dich?
warum sahst du zurück?
warum hieltest du inne in jenem Augenblick?
warum neigtest du dein Gesicht,
in dem sich fing die Flamme der oberen Erde,
über mein Gesicht?

was huschte da über mein Gesicht
gejagt vom Licht des deinen
und von deinem Blick?
was konntest du sehen in meinem Gesicht?
das Licht deines eigenen Gesichts,
das Feuer deines eigenen Strahlens?

was hatte mein Gesicht mehr zu bieten
als einen Widerschein der Erde,
hyazinthfarben,
eingefangen von den groben Rissen im Fels,
wo das Licht einschlug,
und die Farbe der azurblauen Krokusse

und die leuchtende Haut goldener Krokusse
und das Windröschen,
in seinen Adern so schnell wie der Blitz
und ebenso weiß.

III

Safran vom Saum der Erde,
wilder Safran, der sich neigte
über die scharfe Kante der Erde,
alle Blumen, die durch die Erde stießen,
alle, alle Blumen sind verloren;

alles ist verloren,
alles ist durchzogen von Schwarz,
Schwarz um Schwarz
und schlimmer als Schwarz,
dies farblose Licht.

IV

Saum um Saum
blauer Krokusse,
Krokusse, die sich verschließen vor ihrem eigenen Blau,
dem Blau jener oberen Erde,
dem Blau aus der tiefsten Tiefe der Blumen,
verloren;

Blumen,
hätte ich einmal meinen Atem aus ihnen holen können,
wären genug von ihnen,

mehr als Erde,
selbst mehr als von der oberen Erde,
mit mir gegangen
unter die Erde;

hätte ich von der Erde
auffangen können alle Blumen der Erde,
hätte ich einmal in mich hineinatmen können
die ganz und gar goldenen Krokusse
und die roten,
und die ganz und gar goldenen Herzen des ersten Safrans,
die ganze goldene Masse,
die ganze große Wolke von Duft,
ich hätte den Verlust riskiert.

V

So habe ich wegen deiner Vermessenheit
und deiner Selbstsucht
die Erde verloren
und die Blumen der Erde,
und die lebendigen Seelen über der Erde,
und dich, der du das Licht durchschrittst
und ankamst,
selbstsüchtig;

du, der du eigenes Licht hast,
auf dich selbst strahlst,
keine Strahlkraft brauchst;

trotz deiner Vermessenheit
und deines Blicks,
sag ich dir dies:

solch Verlust ist kein Verlust,
solches Grauen, solche Schlingen und Stricke und
Fallgruben
der Schwärze,
solches Grauen
ist kein Verlust;

die Hölle ist nicht schlimmer als deine Erde
über der Erde,
die Hölle ist nicht schlimmer,
nein, auch nicht deine Blumen
noch deine Adern aus Licht
noch deine Gegenwart,
ein Verlust;

meine Hölle ist nicht schlimmer als deine,
obwohl du inmitten der Blumen wandelst und sprichst
mit den Geistern über der Erde.

VI

Gegen das Schwarz
hab ich mehr Glut
als du im ganzen Glanze jenes Ortes,
gegen die Schwärze
und das harte Grau
hab ich mehr Licht;

und die Blumen,
wenn ich es dir sagte,
so würdest du auf deinen angemessnen Wegen umdrehen
zur Hölle hin,
dich noch einmal umdrehen und zurücksehen,
und ich würde an einen Ort sinken,
noch schrecklicher als hier.

VII

Zumindest hab ich die Blumen meiner selbst,
und meine Gedanken, kein Gott
kann mir das nehmen;
ich habe die Glut meiner selbst als Strahlkraft
und meinen eigenen Geist als Licht;

und mein Geist mit seinem Verlust
weiß dies;
wenngleich auch klein gegen das Schwarz,
klein gegen den formlosen Fels,
bricht doch die Hölle los, eh ich verloren bin;

eh ich verloren bin,
öffnet sich die Hölle wie eine rote Rose,
und die Toten können passieren.

H. D. (Hilda Doolittle)
1886–1961

Frauenstimmen I: Nymphen und Musen

Frauen mussten schon immer um ihre Stimmen kämpfen. In Europa durften Frauen vielerorts bis weit ins zwanzigste Jahrhundert hinein nicht wählen, hatten keine Stimme. Dass die kleinste Zähleinheit bei Wahlen »Stimme« heißt, ist eine der Schönheiten der deutschen Sprache, denn es spiegelt wider, was mit Menschen geschieht, die von den Wahlen ausgeschlossen werden: keine Stimme, keine Macht. Die Ohnmacht ist ein Zustand, der dem Tode ähnlicher erscheint als dem Leben. Über die Ohnmächtigen be*stimmen* die Mächtigen, die Toten hingegen können sich jeglicher Fremdbestimmung entziehen – vielleicht, weil sie das allen Menschen vorbestimmte Ziel erreicht haben.

So fällt es auf, dass singende Frauen in Literatur und Mythologie immer wieder den Freitod wählen, nachdem sich jemand ihrer Stimme bemächtigt hat. Doch das, was unterdrückt wird, entwickelt meistens einen Gegendruck und bricht sich früher oder später einen Weg zurück an die Oberfläche: Das Echo (auch Echo ist eine mundtot gemachte junge Frau) der Lieder verstummter Frauen klingt bis heute durch die Literaturgeschichte. Sie haben sich zu einem vielstimmigen Chor verdichtet, und es ist nicht mehr möglich, sie zu überhören.

Gesang übt, wie jeder weiß, der ihn hört oder selbst singt, Macht aus. Singen ist eine starke körperliche, seelische und geistige Erfahrung, der sich niemand ganz entziehen kann. Ein Lied kann die widerstreitendsten Gefühle auslösen: Liebe und Verzweiflung, Begierde und Scham, Kampfeswillen und die Unfähigkeit zum Kampf. Es kann Träume als Wirklichkeit und Wirklichkeiten als Traum empfinden lassen. Ein Lied bringt Ordnungen durcheinander, untergräbt den Diskurs der Herrschenden. Der Kulturwissenschaftler Mladen Dolar stellt in seinem Buch *His Master's Voice. Eine Theorie der Stimme* fest, dass beim Singen das Wort hinter der Stimme und ihrer körperlichen Wirkung zurückbleibt: »Denn die eigentliche Gefahr ist die sich vom Wort losreißende Stimme, die Stimme jenseits des *logos*, die gesetzlose Stimme.«

Von einer Frau, die mit ihrem ganzen Körper, mit allen Sinnen, mit Herz und – was das Unerhörteste ist – zugleich mit ihrem Verstand singt, geht dabei die größte Gefahr aus. Alle Hierarchien werden auf den Kopf gestellt, und das Schlimmste kann passieren: Machtverlust, Kontrollverlust, Ich-Verlust. Doch im Verlust steckt eben auch die Lust: Die stimmgewaltigen Frauenfiguren dürfen deshalb zwar erschaffen werden, aber nur, wenn man sie danach ganz schnell wieder löschen kann. Deshalb ist den wenigsten singenden Frauen in der Literatur ein glückliches Ende beschieden.

In den Mythen aller Kulturen, aber besonders in den Märchen und Sagen und Literaturen des Abendlandes, gibt es viele Frauenfiguren, deren Stimmen eine große Wirkmacht besitzen – besonders über starke Helden, die sich beim Hören oft in kindliche Träumer verwandeln, sich nicht mehr auf ihr heldenhaftes Dasein konzentrieren können, unvernünftig werden. Der Gesang bewirkt die Sehnsucht nach Regression und Auflösung. Und damit verkörpert die singende Frau etwas, das erträumt, aber nicht wahr werden darf.

So werden in den Geschichten der Antike oft die melodischen Stimmen der Nymphen erwähnt. Nymphen sind niedere Göttinnen, jungfräulich, fast ohne Superkräfte und oft sogar sterblich. Eigentlich sind es einfach nur junge Mädchen, die zurückgezogen an Flüssen, Quellen oder in Wäldern leben, diese beschützen und von diesen beschützt werden. Viele können singen, aber sie tun es weitaus weniger als erwartet, denn meistens werden sie gestört und brauchen ihre Stimmen, um zu schreien. Das Wort *nymphe* bedeutet »heiratsfähige Frau«, und Heiraten scheint auch ihre Aufgabe zu sein, wobei »Heirat« hier ein Euphemismus ist. Denn die Hauptbeschäftigung der Nymphen ist es, vor sexuellen Übergriffen wegzurennen. Dann singen sie nicht mehr, sondern schreien. Nymphen schreien ständig um Hilfe, vor Schmerz, aus Todesangst.

Bei einer neuerlichen Lektüre der *Metamorphosen* des Ovid fällt mir zum ersten Mal auf, dass das gesamte griechische und römische Altertum widerhallt von den Schreien verfolgter und vergewaltigter Nymphen. Es ist verstörend – vor allem, wenn ich mir überlege, wie oft ich schon darüber hinweggelesen habe. Arethusa, Kallisto, Daphne, Eurydike, Hesperia, Io, Lotis, Philomela, Skylla, Sibylla, Syrinx, Thetis, aber auch Menschenfrauen und echte Göttinnen werden Opfer der Übergriffe von Göttern und »Helden«. Wenn sie Glück haben, werden sie manchmal ohne Gewalt verführt – nur, um dann die Rache der betrogenen Ehefrauen zu spüren (und dann schreien sie doch wieder). Die ehebrechenden Götter stellen sich nie vor die junge Geliebte, deren Zerstörung ein komfortabler Preis für den Ehefrieden zu sein scheint. Die Nymphen singen nicht so viel, wie man denkt, weil sie immerzu fliehen müssen.

Es gibt mehrere Möglichkeiten, wie solche Verfolgungsjagden enden können: Erstens, die Nymphen entkommen, weil sie eine radikale Metamorphose durchlaufen, die nie wieder rückgängig gemacht werden kann. So geschieht es bei Syrinx, die sich, kurz bevor der immergeile Gott Pan sie zu fassen bekommt, in ein Schilfrohr verwandelt. Doch am Ende bemächtig sich Pan ihrer doch, denn er schneidet sie ab, zerstückelt sie in unterschiedlich lange Teile, in die er Löcher bohrt und die er miteinander verbindet. Wann immer ihm danach ist, bläst er auf seinem selbst gebastelten Musikinstrument, das einst ein Schilfrohr und davor eine Nymphe war. Syrinx heißt jetzt »Panflöte«, und er bestimmt, was gespielt wird.

Zweitens, Nymphen sterben auf der Flucht, wie zum Beispiel Eurydike, die während der Verfolgungsjagd durch Aristaios, dem göttlichen Imker, nicht sehen kann, wohin sie tritt, und von einer Schlange gebissen wird. Eurydike singt nicht, jedenfalls wissen wir nichts darüber, doch sie ist mit Orpheus verheiratet, dem berühmtesten Sänger des Abendlandes. So schickt der eine

Mann, Aristaios, Eurydike in die Unterwelt, einfach, weil er sie will, und der andere, Orpheus, zerrt sie aus demselben Grund wieder herauf. Am Ende bekommt keiner von beiden, was er will, aber Eurydike trifft es trotzdem am härtesten, obwohl sie überhaupt nichts wollte, außer einfach nur mit ihren Freundinnen im Grünen zu wandeln. In dem modernistischen Gedicht *Eurydike* von 1917 erhebt eine zornige Eurydike die Stimme gegen Orpheus, der sich anmaßt, über ihr Schicksal singend zu bestimmen. Zwar wird nirgends in diesem Gedicht gesungen, doch die Macht des Gesangs und die Ohnmacht der im Wortsinn fremdbestimmten Gattin sind dennoch in jeder Zeile spürbar. Jetzt endlich, im zwanzigsten Jahrhundert, fängt Eurydike selbst an zu singen – und zwar in Gedichten der Lyrikerinnen Ingeborg Bachmann, Margaret Atwood oder eben H. D., jene amerikanische Dichterin, die mit bürgerlichem Namen Hilda Doolittle hieß und viele Jahre in Europa gelebt hat.

Die dritte Möglichkeit ist, dass Nymphen vergewaltigt *und* verwandelt werden, wie die Nymphe Philomela, an der sich Tereus, der mit ihrer Schwester Prokne verheiratet ist, immer und immer wieder vergeht. Weil es Tereus stört, dass Philomela jedes Mal so schreit, schneidet er ihr die Zunge heraus und sperrt die junge Frau weg. Die verstümmelte Philomela jedoch, stumm, aber nicht verstummt, webt ihre Geschichte als antiken Comicstrip in ein Kleid für ihre Schwester, die ihn liest und Philomela befreit. Die Schwestern rächen sich und bestrafen sich zugleich selbst, indem sie Tereus seinen und Proknes Sohn als Speise vorsetzen. Zeus findet, dass jetzt Schluss sei mit aller Grausamkeit und macht, was er in solchen Situationen meistens macht: Er verwandelt alle drei in Vögel. Die Nymphe Philomela wird eine Schwalbe, die, pfeilschnell und ausdauernd, allen entkommt. In späteren Überlieferungen mutiert sie allerdings zur Nachtigall, deren Gesang sich genau dadurch auszeichnet, dass er ohne Unterbrechung, ohne Atempause weiterzufließen scheint. Sie wird nie wieder stumm sein, es sei denn, sie möchte es selbst. Und sie muss nie mehr schreien, denn sie singt jetzt. Und wer singt, gibt den Ton an, wer singt, bestimmt, wer singt, ist nicht zum Schweigen gebracht, wer singt, hat keine Angst, lebt, ist stärker.

Eine einzige Nymphe gibt es, die mehr für ihr Singen als ihr Schreien berühmt ist, und das ist Canens. Ihre Geschichte erscheint mir wie der Orpheus-Mythos mit veränderten Geschlechtervorzeichen. Sie ist wie fast alle Nymphen sehr schön, aber vor allem singt sie schöner als alle. »Mit weiblicher Stimme«, sagt Ovid in den *Metamorphosen*, vermag Canens, ähnlich wie Orpheus, die wilde Natur singend zu bändigen:

»Wälder und Klippen rührte sie, zähmte das Wild, hielt auf langwallende Ströme mit dem bestrickenden Mund und verweilete streifende Vögel.«

Canens' Ehemann, Picus, ist ebenfalls schön und wird deshalb von Kirke begehrt, so wie Eurydike einst von Aristaios. Picus bleibt standhaft und wird deshalb von Kirke in einen Specht verwandelt, der seitdem voller Wut auf Baumstämme hämmert. Ob er wütend auf Kirke ist oder auf sich selbst, weil er sich falsch entschieden hat, wird nicht klar. Canens ist über die Verwandlung ihres Liebsten so erschüttert, dass sie noch ein letztes Mal zu singen anhebt:

»(…) Und zum Gesang ließ eben der Schmerz sich gestalten die Worte, wie noch sterbend der Schwan anhebt mit Totengesängen. Endlich (…) schwand sie dahin und zerging allmählich in wehende Lüfte.«

Luft und Gesang sind hier wieder eng miteinander verbunden: Gesang ist ausgeatmete und zum Schwingen gebrachte Luft. Und so nimmt es nicht wunder, dass auch die Musen, jene Göttinnen, die Dichter und Sänger zu ihren Liedern *inspirieren*, geflügelte Wesen sind. Doch selbst die neun Musen, Töchter der Göttin der Erinnerung und des Zeus, bleiben vor Übergriffen nicht verschont. Obwohl sie besser als alle anderen singen, sprechen, tanzen, dichten, erklären und musizieren können, obwohl sie Namen tragen wie »die Singende«, »die mit der schönen Stimme« oder »die mit den vielen Liedern«, sollten auch sie auf schreiende Nymphchen reduziert werden.

Bei einem schrecklichen Unwetter nämlich bittet Pyreneus die Musen in sein Schloss, und sie nehmen die freundliche Einladung dankbar an. Als der Sturm vorübergezogen ist, wollen die Schwestern aufbrechen. Doch Pyreneus glaubt, die Gelegenheit sei günstig, um ihnen allen neunen noch kurz mal eben Gewalt anzutun. Er schließt alle Pforten und nimmt sie in seinem eigenen Haus gefangen. Was er nicht bedacht hat: Musen können fliegen, und bevor er sie ergreifen kann, erheben sie sich in die Lüfte und entkommen, wahrscheinlich durch ein

Fenster oder Oberlicht. Pyreneus wird daraufhin wahnsinnig, glaubt, ihnen hinterherfliegen zu müssen, und stürzt sich vom Turm seines eigenen Schlosses in den Tod. So jedenfalls berichtet es eine der Musen der Pallas Athene, sagt Ovid.

Irgendetwas kommt mir an dieser Geschichte seltsam vor. Die Musen sind Dichterinnen und Erzählerinnen. Ich stelle mir vor, die Schwestern haben sich auf diese Olymp-und-Nachwelt-taugliche Version der Geschichte geeinigt. Pallas gehört zu den ganz großen Olympierinnen, und die mögen es nicht so gern, wenn die kleineren Gottheiten ihre Macht ganz ausreizen. Schließlich haben die Olympier selbst einst gegen die großen Titanen aufbegehrt und diese entthront. Sie wissen am besten, wie schnell so etwas geht.

Wenn ich mir also den Nachmittag im Schloss des Pyreneus vorstelle, dann sehe ich vor mir die neun jungen starken Schwestern, neun echte Göttinnen: erfahren, klug, gewitzt, schön, eloquent, voller Anmut und Kraft. Pyreneus war allein, ein Mensch und ziemlich betrunken. Ich kann mir einfach nicht vorstellen, dass sie schreiend vor ihm davongestoben sind und sich hinterher mit den Händen Luft zugefächelt und geseufzt haben, dass das ja gerade noch mal gut gegangen sei. Und warum wurde Pyreneus plötzlich »wahnsinnig« und sprang vom Söller?

Ich bin mir sicher, die Muse verschweigt Pallas Athene etwas. Vielleicht haben die neun Schwestern den alten Pyreneus einmal so richtig vermöbelt. Die Vorstellung gefällt mir und erscheint mir plausibel. Oder haben sie vielleicht noch etwas anderes mit ihm gemacht, etwas, worüber er das letzte bisschen Verstand verlor, das ihm noch geblieben war? Hatte es vielleicht etwas mit dem zu tun, was er mit ihnen vorhatte, nur demütigender und schmerzhafter? Und als sie mit ihm fertig waren, sagten sie, dass sie jetzt leider losmüssten, um von diesem interessanten Nachmittag ein Lied zu singen, eine Geschichte zu erzählen, einen Vortrag zu halten oder eine Komödie zu schreiben und alles andere, was Musen so machen. Pyreneus wurde klar, dass die Musen nicht schweigen würden: Sie besaßen das Medienmonopol des klassischen Altertums, sie bedienten jedes Genre, mit jedem Kunstschaffenden standen sie in engem Dialog. Und ihre Mutter war die Göttin der Erinnerung! Die Musen waren gewissermaßen das Internet der Antike. Sie schrieben Lieder für Orpheus und flüsterten allen großen Epikern ein, wovon sie singen sollten. »Sage mir, Muse, die Taten des vielgewanderten Mannes …«, so beginnt der erste Gesang der *Odyssee* – also war sogar Homer von den Musen abhängig.

Vielleicht legten die neun Musen Pyreneus also dar, dass sie den Mantel des Schweigens über diesen regnerischen Nachmittag legen würden, wenn er zum Beispiel vom höchsten Turm seines Schlosses springen würde. Nur so als Vorschlag. Aber eigentlich nicht ernst gemeint, nein, nein, sie würden doch lieber ein Lied auf ihn anstimmen, die erste Strophe hätten sie schon, ob er sie vielleicht einmal hören wollte, um ihnen zu sagen, was er davon halte, aber sie könnten ebenso gut Orpheus fragen, bei dem wollten sie sowieso gerade vorbeischauen … Pyreneus war klar, er würde für die nächsten Jahrtausende die größte Witzfigur des Abendlandes werden, also sprang er. Er hatte eigentlich keine Wahl. Der Sprung war nicht Zeichen seines Wahnsinns, sondern seine erste gut durchdachte Tat des Tages.

Und so fällt er »auf das Gesicht und schlägt mit zerschmettertem Schädel / sterbend den Grund, der rot sich färbt mit dem ruchlosen Blute«. So endet der Musenbericht – vielleicht einen Hauch zu lustvoll.

Nachdem Pyreneus gesprungen war, zuckten die Musen ihre prächtigen Schultern, schüttelten sich die Federn zurecht, breiteten die Flügel aus und schwangen sich singend in den Abendhimmel. Nach dem Unwetter schien die Luft zu funkeln, und noch weit oberhalb der Baumkronen roch es nach nassen Blättern. Ohne dass sie sich abgesprochen hätten, bewahrten sie Stillschweigen über den Nachmittag.

Denn schweigen, das können die Musen mindestens so gut wie singen, spielen, sprechen und einflüstern. Das wissen alle, die schon einmal von ihnen geküsst worden sind. Und alle, die schon einmal vergeblich auf ein Wort von ihnen gewartet haben, wissen: Musen lassen sich nicht zwingen. Niemals. Zu nichts.

Die Insel der Sirenen

Wenn er denen, die ihm gastlich waren,
spät, nach ihrem Tage noch, da sie
fragten nach den Fahrten und Gefahren,
still berichtete: er wußte nie,

wie sie schrecken und mit welchem jähen
Wort sie wenden, daß sie so wie er
in dem blau gestillten Inselmeer
die Vergoldung jener Inseln sähen,

deren Anblick macht, daß die Gefahr
umschlägt; denn nun ist sie nicht im Tosen
und im Wüten, wo sie immer war.
Lautlos kommt sie über die Matrosen,

welche wissen, daß es dort auf jenen
goldnen Inseln manchmal singt –,
und sich blindlings in die Ruder lehnen,
wie umringt

von der Stille, die die ganze Weite
in sich hat und an die Ohren weht,
so als wäre ihre andre Seite
der Gesang, dem keiner widersteht.

Rainer Maria Rilke
1875–1926

Frauenstimmen II: Sirenen

Die Sirenen sind sicher die bekanntesten Sängerinnen der Antike. In Homers *Odyssee*, ein Epos, das selbst ganz aus Gesängen besteht, sind die Sirenen noch zu zweit, später zu dritt. Sie sind Fabelwesen mit Frauenköpfen und Vogelkörpern, die ab der Brust beginnen. Auf manchen Vasen sieht man auch männliche Sirenen mit dunklen Bärten. Im Laufe der Jahrhunderte schält sich aus dem keuschen Federkleid nach und nach ein wohlgeformter Frauenkörper, erst Brust und Schultern, später verschwinden sogar die unbeholfenen, fingerlosen Flügelarme, und an die Stelle der Klauenfüße tritt ein kesser Fischschwanz, der auf manchen Abbildungen einem Schlangen- oder Drachenschwanz ähnelt: in jedem Fall glatt, geschmeidig, animalisch und wie gemacht für sinnliche, erotische Bewegungen.

Odysseus berichtet, wovon die Sirenen gesungen hätten, wenn er bei ihnen geankert hätte, aber nirgends steht, *wie* die Sirenen sangen, ob sie wasserklare Stimmen hatten oder solche, die so tief und dunkel waren wie die See in einer mondlosen Nacht. Ob ihre Lieder orgelten und brausten oder ruhig dahinwogten. Ob sie die Lauschenden berauschten oder mit feuchten Augen zurückließen. Ob sie wild und aufwühlend sangen, oder ob sich die Töne ihres Gesangs kaum merklich weiteten, wie die Wellen auf einer fast glatten Wasserfläche, kräuselnd, schlürfend, plätschernd oder wie Schaum. Und auch die Matrosen in Rilkes Sireneninsel-Gedicht hören nichts – sie haben ja Wachs in den Ohren. Doch sie *stellen sich vor*, dass »die andere Seite« der Stille ein Gesang ist, »dem keiner widersteht«. Und so erscheint mir Rilkes Gedicht, ja, jedes der Gedichte in diesem Buch, genau auf der Schwelle zwischen Stille und unwiderstehlichem Gesang zu stehen. Das Gedicht selbst ist die Schwelle, die mal von der einen, mal von der anderen Seite betreten wird.

Ich stelle mir vor, die Sirenen klangen wie Windharfen, durchsichtig, in Wellen an- und abschwellend, aber mit einem kräftigen, pulsierenden Ton darin, mitunter pfeifend, als würde eine Bö über das Wasser jagen. Und immer wieder, ganz unvermittelt, trällern sie ihre liquiden Triller, die sie dem Regenbrachvogel abgelauscht haben. Oder er ihnen? Das Wasser, das ihre Felseninsel umgibt, trägt den Klang ihrer Stimmen in alle Richtungen. Die, die sie vernahmen, brachte es wenigstens um den Verstand. Aber die meisten brachte es um. So heißt es zumindest in den Geschichten. In der *Odyssee* wird die Sirenengeschichte gleich mehrmals erzählt, dreimal im zwölften und einmal ganz kurz im dreiundzwanzigsten Gesang.

Zuerst erzählt Odysseus den Phäaken, was Kirke ihm von den Sirenen erzählt, dann berichtet er (immer noch den Phäaken), wie er seiner Mannschaft erklärt, was Kirke über die Sirenen gesagt hat. Schließlich kommt die eigentliche Erzählung der Geschichte – also das, von dem er gegenüber den Phäaken behauptet, er habe es genau so erlebt. Im vorletzten Gesang des homerischen Epos wird von einem allwissenden Erzähler schließlich aufgelistet, was Odysseus zu Hause seiner Frau erzählt, nämlich »wie er den Gesang der holden Sirenen gehöret«, mehr nicht.

Kirke, die Tochter des Sonnengottes Helios, Tochter einer Najade, Tante von Medea, Tante des Minotaurus, weiß alles über Kräuter und Pflanzen und wird von Odysseus als »schöngelockte, hehre, *melodische*« Göttin bezeichnet. Das heißt, Kirke singt. Und sie inspiriert Gesang: So gibt es zahlreiche Kirke-Opern, die erste ist 1650 von Giuseppe Zamponi komponiert worden und heißt *Odysseus auf der Insel der Kirke.* Johann Wolfgang von Goethe inszenierte 1794 *Circe* von Pasquale Anfossi in Weimar und überarbeitete sogar noch die Libretti. Die vorerst letzte Kirke-Oper ist von Werner Egk aus dem Jahre 1948. Doch auch zeitgenössische Musikerinnen wie Ursula Rucker entdecken Kirke als selbstbestimmte Verführerin, die sich nimmt, was sie begehrt.

Kirke singt und webt dabei auf einem besonderen Webstuhl. Weben und Singen sind nicht wesensfremd. Es macht keinen großen Unterschied, ob man nun einen Wandteppich oder einen Klangteppich herstellt, einem Text oder einem Textil Farbe und Form gibt. Dass es die singenden Sirenen überhaupt gibt und dass sie auf seiner Reiseroute liegen, erfährt Odysseus jedenfalls von Kirke. Sie verrät ihm auch den Trick, wie er den »hellen Stimmen« der Vogelfrauen lauschen und diese dennoch unbeschadet passieren kann: mit Fesseln an den Mast gebunden, während alle anderen Wachs in die Ohren bekommen und weiterrudern müssen. Es ist erstaunlich, dass dieser Trick immer als Beweis für den Listenreichtum des griechischen Helden angeführt wird, obwohl er doch gar nicht von ihm stammt. Woran liegt diese eigentümliche Ausblendung weiblichen Denkens und Sprechens?

Zumindest gegenüber seinen Gefährten und den Phäaken gibt Odysseus noch zu, dass es Kirkes Idee war. Zu Hause bei Penelope lässt er Kirkes Rolle bei den Sirenen ganz weg. Verständlich. Penelope muss ohnehin damit klarkommen, dass er ein Jahr mit Kirke und sieben mit Kallisto verbracht und mit beiden Frauen ein paar Söhne gezeugt hat, während sie zu Hause saß – webend, das Gewebte wieder aufdröselnd, Freier abwehrend – und sich um ihren alten Schwiegervater und den kleinen Sohn kümmerte. Nebenbei hat sie auch noch zehn Jahre lang die Insel regiert. Da ist es besser, Odysseus schmückt ein paar Abenteuer weniger bunt aus. Deshalb klingt es im dreiundzwanzigsten Gesang eher so, als habe Odysseus auf dem Heimweg noch kurz die Gelegenheit für ein nettes Chorkonzert wahrgenommen.

Es gibt feine Unterschiede zwischen dem, was Kirke Odysseus sagt, und dem, was Odysseus wiedergibt. So spricht Kirke davon, dass zwei Sirenen auf einer Wiese sitzen, »von aufgehäuftem Gebeine modernder Menschen umringt und ausgetrockneten Häuten«. Das ist schaurig und erinnert an Zombiepiraten in der Karibik. Als Odysseus kurz darauf seinen Männern erklärt, was sie zu tun haben, lässt er die Knochen und Häute und die modernden Menschen weg und erwähnt nur eine

»blumige Wiese«. Die Blumen hat er hinzugedichtet, von denen sprach Kirke nicht. Sie kennt sich mit Pflanzen besser aus als alle anderen. Sicher hätte sie die Blumen mit Namen genannt, wenn es welche gegeben hätte.

Ist *das* die List des Odysseus? Das Verschweigen von beunruhigenden Details? Der älteste Elterntrick von allen. Oder ist es vielleicht Kirkes List, die Sirenen so gruselig wie möglich darzustellen, damit Odysseus nicht einmal darüber nachdenkt, anzulegen? Das Erfinden beunruhigender Details? Auch ein alter Elterntrick, aber ein fieser.

Kirke möchte ganz sichergehen, dass er nicht anlegt, sie bangt um sein Leben, da darf man die Gefahren schon ein bisschen übertreiben. Aber vielleicht hat Kirke ihre eigenen Pläne. Sie hätte ihn gern auf ihrer Insel Aiaia behalten. Wenn er also schon unbedingt fortmuss, dann wenigstens wieder zu seiner Familie und nicht zu fremden Frauen mit betörenden Stimmen und anderen Reizen.

Nachdem Odysseus seine Gefährten auf die harmlose, aber nicht ungefährliche Sirenenbegegnung vorbereitet hat, berichtet er darüber, wie er tatsächlich auf die Sirenen trifft. Hier endlich erfahren Odysseus' Zuhörer etwas über den magischen Gesang der beiden Vogelfrauen, über den bis dahin ja auch noch niemand hätte berichten können, weil ja – wie Odysseus sagt, dass Kirke sagt – noch keiner lebend davongekommen ist. Odysseus beschreibt ihre Lieder, die machen, dass er sich am Mastbaum windet und alle anfleht, sie mögen seine Fesseln lösen. Er kann die Sirenen sogar über mehrere Zeilen hinweg wörtlich zitieren. Denn die Sirenen locken nicht nur mit sinnlichen Tönen und aufwühlenden Melodien, ja die Lieder der Sirenen sind viel unwiderstehlicher als heißer Sex, den er gerade nicht braucht, schließlich kommt er direkt aus einem Bett, in dem er 365 Nächte mit der Tochter des Sonnengottes verbracht hat.

Nein, die Vogelwesen betören Odysseus mit *Wissen*: »Uns ist alles bekannt«, singen sie, »alles, was irgend geschieht auf der lebensschenkenden Erde.« Sofort überkommt Odysseus ein »heißes Verlangen«, und lustvoll stöhnend gibt er sich der Vorstellung von Allwissenheit hin. Die Sirenen laden Odysseus singend ein, doch an Land zu kommen, und der erste Beweis ihres Wissens ist vollbracht: Sie kennen seinen Namen, wissen um Troja und nennen Odysseus »du großer Ruhm der Achaier!«. Schließlich versprechen sie, dass er – wie schon andere vor ihm – nach seinem Aufenthalt »vergnügter und weiser« als vormals »von hinnen« gehen würde. Also gab es schon Vorgänger. Aber ihre verwesenden Leiber sieht Odysseus nicht. Auch nicht die weißen Knochen. Sind sie wirklich alle gestorben? Hat Kirke die Wahrheit gesagt? »Vergnügter« – das muss dem heimwehkranken Helden, der von Schuldgefühlen gegenüber seinen toten und lebendigen Gefährten und gegenüber seiner eigenen Familie geplagt wird, wie eine Rettung erschienen sein. Aber »weiser« – das trifft bei ihm, dem großen Bogenschützen, mitten ins Herz seiner Ambitionen und strategischen Überlegungen. Er, der weder von überirdischer Gestalt ist noch von den Göttern abstammt noch sich heldenhaft im Schwertkampf hervorgetan hat, weiß, dass einer wie er nur mit dem Kopf gewinnen kann. Noch listenreicher zu werden ist reizvoll, aber Odysseus weiß auch, dass Listenreichtum nichts wahrhaft Heroisches hat. Listigkeit ist zwar lebensrettender als Heldenmut, bleibt aber trotzdem oft nur ein Zyklopen-Witz: »*Niemand* hat mich geblendet! *Niemand* wollte mich töten …« Die Listenreichen gehören in die Komödie, und nur den echten Helden ist echtes Drama, ist die Tragödie vorbehalten.

Doch die Sirenen locken nicht mit noch mehr Listigkeit. Listig wie sie sind, locken sie mit Allwissenheit, ja Weisheit. Der *Weise*, anders als der Listenreiche, steht über den menschlichen Spielereien. Weisheit würde Odysseus zum echten Helden machen. Deshalb fleht er die Gefährten an, seine Fesseln zu lösen. Aber natürlich hören sie ihn nicht. Dumpf rudern sie weiter.

Was, wenn Odysseus nun Kirke auf den Leim gegangen ist? Was, wenn sie noch reicher ist an Listen als der listenreiche Odysseus? Sie ist eine Zauberin, die seine Gefährten in Schweine und die Nymphe Skylla in ein Monster verwandelt hat. Kirke bezirzt: Sie zähmt Löwen und Wölfe, warum nicht auch einen erschöpften Krieger? Warum sollte sie Odysseus nicht weiterhin nach ihrer Pfeife, ihrem eigenen Liedlein tanzen lassen? Hat er sie wirklich so gut im Griff, wie er meint, nur weil er ein bisschen magisches Moly-Kraut von Hermes bekommen hat und ihr Liebhaber ist?

Vielleicht, und das ist nur ein Gedankenspiel, hätte Odysseus *ohne* Kirkes Warnung fröhlich auf der blumigen Sirenenwiese gesessen, hätte dem Lied der Vogelfrauen eine Weile zugehört und wäre danach »vergnügter und weiser« von hinnen gefahren.

Vielleicht auch nicht.

Tatsache ist, die Sirenen haben ihr Lied »von allem, was irgend geschieht auf der lebensschenkenden Erde« *nicht* gesungen. Sie haben nur davon gesungen, dass sie es ihm vorsängen, wenn er bei ihnen anlegte. Das ungesungene Lied der beiden Frauen, das Lied, von dem sie singen, dass sie davon singen *könnten*, hat eine stärkere Suggestivkraft als jedes gesungene. Es hallt bis heute durch Schaffensräume der Schreibenden, Komponierenden, bildnerisch Tätigen. Was würden wir tun, um es einmal zu hören? Welchen Preis sind wir bereit, dafür zu zahlen?

Vielleicht ist das ja die eigentliche Tragödie des homerischen Odysseus: dass er durch Kirkes List an der Möglichkeit vorbeigefahren ist, weise und mächtig zu werden. Und es passt zu Odysseus, dem *Outis*, dem »Niemand«, dass er es sportlich nimmt. Er wird diese Schlappe wahrscheinlich zu Hause nicht mehr groß erwähnen, aber vielleicht muss er irgendwann, wenn er in Ithaka mit den Schweinehirten plaudert, zufällig daran denken und über die Vorstellung grinsen: er am Mast, auf eigenen Befehl gefesselt von tauben Gefährten, deren Ohren er eigenhändig verklebte, an der Chance seines Lebens vorbeifahrend.

Dafür fachsimpelt er jetzt mit den Hirten, von denen er sich, je älter er wird, immer weniger unterscheidet, über das Wetter und die Ernte im kommenden Jahr. Die Stimmen der Sirenen suchen ihn nur noch nachts heim, wenn er sich im Schlaf bewegt und gegen den Olivenbaum stößt, der aus seinem Bett wächst. Dann träumt er, der Baum wäre der Mast und er hätte sich die Taue von den Händen gestreift. Die Sirenen rufen, und er hört das Auf und Ab ihres Gesangs. Sein Hören ist allerdings ein Ziehen in Brustkorb und Zwerchfell und noch tiefer. Fast so, als wäre er es selbst, der singt. Im Traum eilt er schon hinauf zur Wiese. Von Weitem sieht er die weißen Blumen, der ganze Hügel ist davon übersät, oder sind es doch Knochen? Jedes Mal, kurz bevor er es erkennt, wacht er auf.

undine

löst ihr haar
aus der welle
das lied von der zunge
riss das auge
aus der nacht
zerschnitt
das tanzkleid
das brautkleid
das totenkleid
treibt die ungeborenen ab
den blutigen anflug von seele

Doris Runge
*1943

Frauenstimmen III: Wasserfrauen

Fast alle Wasserfrauen singen. Mit den Sirenen fing es an, doch sie waren als gefiederte Vogelwesen eher der Luft als dem Wasser zugehörig. Nachdem Odysseus ihre Insel passiert hat, hören wir nichts mehr von ihnen. Haben sie sich in Luft aufgelöst wie die Nymphe Canens? Haben sie sich vor Wut über den entwischten Odysseus ins Meer gestürzt und ertranken, wie es in den nachhomerischen Sirenengeschichten erzählt wird? Oder haben sie sich ins Meer gestürzt, sind dann aber einfach im Wasser geblieben und zu Fischwesen mutiert, um von dort weiterhin Schiffer und Fischer ins Verderben zu locken?

In Deutschland gibt es die Sage von der singenden Wasserfrau Undine, die den Ritter Huldbrand will und sich für ihn an Land begibt, sie opfert ihre Stimme, ihre Unabhängigkeit, ihr wässriges Naturell, um eine Seele zu bekommen. Aber die Seele macht, dass sie ein Seelchen wird, nur noch weint, sich schlecht behandeln lässt und zum Schluss stirbt – wobei sie den Ritter aber mitnimmt.

Eine andere Sage erzählt von der schönen Loreley, die auf einem hohen Felsen am Rheinufer sitzt, dabei ihr goldenes Haar kämmt und so herrlich singt, dass die Schiffer nicht mehr auf das Steuer achten und ihre Boote am Felsen zerschellen. Wovon sie singt, wissen wir nicht. Während die Sirenen noch mit Weisheit und Vergnügen lockten, ist das Lied der Loreley nur noch Klang gewordene erotische Verführung. Vielleicht singt sie langgezogene Töne, während ihr Haar im Wind weht. Vielleicht singt sie Lieder von ihrem Körper oder von ihrer Lust, aber Loreleys Worte scheinen für die Dichter der Romantik keine Rolle zu spielen. Die Worte übernehmen sie lieber selbst: Über Loreleys singende Verführungskraft singen nun die Poeten in ihren Gedichten und Liedern, die ihrerseits noch Jahrhunderte später weiterhin gesungen werden.

Immerhin versucht Heinrich Heine in seinem Gedicht *Lore-Ley* ihren Gesang zu beschreiben als »eine wundersame, gewaltige Melodey«. Doch dann bringt Heine sein lyrisches Ich schnell in Sicherheit, indem er Loreley fiktionalisiert und zeitlich in so weite Ferne rückt, bis sie nur noch »ein Märchen aus uralten Zeiten« ist. Trotz des zeitlichen Abstands kommt ihm dieses Märchen »nicht aus dem Sinn«. Die Beunruhigung bleibt. Zwar ist nirgends im Gedicht von einem Fischschwanz die Rede, aber von Beinen auch nicht. Tatsächlich scheint sich Heines Loreley an Land kaum fortzubewegen, sie sitzt allein und statuesk auf ihrem Felsen. Doch ihr goldenes Haar und ihre goldene Stimme strahlen und fließen, funkeln und fliegen dafür umso freier in alle Windrichtungen und durch alle Zeiten.

Das ist im Loreley-Gedicht *Zu Bacharach am Rheine* von Clemens Brentano anders. Hier ist die singende Frau am Fluss keine mythische Gestalt mehr, sondern die »Lore« mit Liebeskummer. Sie singt auch nicht mehr, ihr ganzer Körper ist Symptom einer Verletzung: Ein Mann hat sie verlassen. Sie bittet darum, zum Tode verurteilt zu werden. Stattdessen soll sie ins Kloster gehen. Doch nicht einmal eine richtige Nonne darf sie werden, sondern nur ein sächliches, auf Taschenformat verkleinertes »Nönnchen«. Auf dem Weg zum Kloster entwischt sie ihren Aufpassern und wirft sich von einem Felsen in die Fluten. Die Männer fallen hinterher. Aus der freien, stimmgewaltigen Sirene ist eine lebensmüde Büßerin geworden.

Während bei Heine, Brentano, de La Motte Fouqué, Hofmannsthal, Wedekind und vielen anderen Dichtern zauberische und männermordende Sängerinnen zumindest noch imaginiert werden können, wird in Hans Christian Andersens Kunstmärchen *Die kleine Meerjungfrau* jegliche Form weiblicher Selbstbestimmung und Einflussnahme unterdrückt. Die kleine Meerjungfrau verliebt sich in einen Menschenprinzen. Damit er sich nicht vor ihrem Fischschwanz ekelt, verkauft sie ihre herrliche Singstimme an eine Meerhexe, die ihr dafür Beine anhext. Die Beine tun bei jedem Schritt weh, man weiß nicht genau, wo, aber es ist von einem Messer die Rede. Sie rettet dem Prinzen bei einem Sturm das Leben, was dieser aber bis zum Schluss nicht begreift. Sie kann es ihm auch nicht erzählen, weil sie ja stumm ist. Die sprechenden Augen, die ihr die Hexe verpasst hat, kann er nicht lesen. Wenn sie ihn damit lange und beredt anschaut, spricht er zwar gern und viel – aber immer nur über sich. Sie darf vor seiner Tür auf dem Boden schlafen. Der Prinz heiratet dann doch eine andere. Als das passiert, erlaubt der Hexenzauber nur zwei Möglichkeiten für die kleine Meerjungfrau: Entweder sie ersticht den Prinzen und geht wieder als Nixe mit Fischschwanz zurück ins Wasser, wobei sie aber weiterhin stumm bleiben wird, mit dem Singen ist so oder so Schluss. Oder sie löst sich in Schaum auf.

Die kleine Meerjungfrau bleibt dem neunzehnten Jahrhundert verhaftet, wirft das Messer ins Wasser und wählt den Schaum. Im zwanzigsten Jahrhundert greift die Lyrikerin Doris Runge die Wasserfrauenthematik auf, kehrt sie um und schreibt sie weiter, blutig, gewaltsam und selbstbestimmt. Doch Andersens Geschichte ist hier zu Ende – bis auf einen seltsamen Nachtrag: Wenn die kleine, betrogene Meerjungfrau dreihundert Jahre lang als Schaum den Kranken Luft und Kühlung zugefächelt hat, kommt sie in den Himmel. Die Geschichte ist von 1837, man kann sich also ausrechnen, wann das sein wird. Sie hat jedenfalls schon über die Hälfte der Buße geschafft. Nur wofür büßt sie überhaupt?

Inzwischen interessiere ich mich mehr für die Meerhexe als für die Meerjungfrau. Nicht nur, weil ich selbst langsam alt und böse werde, sondern weil die Meerhexe, die bei Andersen zwar genau beschrieben wird, ganz ohne Geschichte bleibt. Wer ist diese Person, die wahrscheinlich nicht als alte Hexe geboren wurde? Warum weiß sie, was passieren könnte, ja passieren muss?

Sie ist in die hinterste Region des Meeresbodens verbannt, wohnt dort, wo die heißen Quellen aufsteigen, wo die Schlangen ihre Bäuche zeigen, wo sich die Kröte das Essen aus dem Mund der Hexe nimmt wie bei einem pervertierten Froschprinzenkuss. Sie wohnt in einem von Schleim bedeckten Wald, in einem seltsam sexuell aufgeladenen Gelände.

Die Hexe ist die einzige Person im Märchen, die laut lacht, wohingegen die Meerjungfrau danach strebt, endlich weinen zu können, denn das wäre der Beweis ihrer Seele. Lachende Frauen sind fast noch verdächtiger als singende Frauen. Die Alte lacht, weil sie schon weiß, was passieren wird. Ich frage mich, was die Hexe mit der Zunge, also der Stimme, der Kleinen Meerjungfrau gemacht hat. Hat sie sie weiterverkauft? Hat sie sie selbst benutzt und singt jetzt damit? Und falls ja, wovon? Vielleicht, wie einst die Sirenen, von »allem, was geschieht auf lebensschenkender Erde«? Oder auf der lebenszerstörenden Erde? Braucht sie die Zunge, weil vielleicht auch ihr einst die Zunge herausgeschnitten und die Fähigkeit zum Gesang genommen wurde?

Ich stelle mir vor, sie war selbst einmal in der gleichen Lage wie die kleine Nixe: jung, verliebt, siegessicher, und auch sie opferte, ohne groß nachzudenken, ihre Singstimme. Natürlich ging es nicht gut aus, und als sie vor der Wahl stand, ihren Prinzen zu erstechen oder Schaum zu werden, entschied sie sich für die Freiheit und das Meer. Und das silberne Messer.

Der Prinz wurde erneut schiffbrüchig, doch diese Meerfrau rettete ihm das Leben nicht. Sie erstach ihn unter Wasser, er sank langsam tiefer, und sie begleitete ihn auf dem Weg zum Grund. Nach jedem Zug konnte sie freier atmen. Am Meeresboden angelangt, verwandelte sie sich nach und nach in ein seltsames Mischwesen. Die Beine wurden zwar wieder schuppig, wuchsen aber nie mehr ganz zusammen. Sie hat jetzt eher zwei kurze Schwänze, über denen sie lange, im Wasser wabernde Gewänder trägt. Von Weitem könnte man sie für ein dunkles Knäuel breitblattrigen Seetangs halten. Es ist unübersehbar, dass ihr Gesicht eine Zeit lang der Sonne ausgesetzt war: Die blasse Schuppenhaut ist so dünn, dass das Fischnetz der Adern bläulich hindurchschimmert. Da sie nicht mehr singen kann, vertreibt sie sich die Zeit mit Zaubersprüchen, denn sprechen hat sie wieder gelernt, wenngleich nicht besonders wohltönend.

Sie redet viel mit sich selbst, denn wer unheimlich ist, ist einsam, und wer einsam ist, ist unheimlich. Doch ihr ständiges Gemurmel jagt allen noch mehr Angst ein. Sie nennen sie Hexe, und eigentlich hat sie nichts dagegen, ja fast ist sie stolz darauf. Es ist von Vorteil, dass man sie fürchtet, denn das Leben unter Wasser ist gefährlich, vor allem, wenn man alt ist, eine gespaltene Schwanzflosse hat und nicht viel schneller ist als ein Seestern. Die Leiche ihres Prinzen hat sie in Quallengallert konserviert wie in einem gläsernen Sarg, er liegt hinterm Schleimwald. Ob zur Abschreckung oder als Andenken, weiß sie selbst nicht so genau. Das schwankt, wie fast alles hier unten. Als die Kleine Meerjungfrau mit ihrer Bitte zu ihr kommt, lacht sie, lacht und lacht. Sie warnt die Kleine Meerjungfrau und bietet ihr gleichzeitig einen Handel an: Zunge gegen Beine. Sie überredet sie zu nichts, aber zögert auch nicht, als sie schneidet. Vielleicht hat es ja geklappt mit dem Singen, aber vielleicht auch nicht. Das Messer findet sie später an einer tiefen Stelle wieder. Es liegt im Sand, sie hebt es auf und fährt mit dem Daumen über die Klinge. Sie ist genauso scharf wie früher.

Morgenlied

Im May 1785.

Prächtig steigt die Sonne wieder
Aus der Morgenröthe Zelt,
Tausend, tausend Jubellieder
Singt ihr die erwachte Welt,
Und der Blumen süßes Düften
Steigt ihr auf in reinen Lüften.

Seht! wie ihr die Heerden hüpfen,
Hört! wie ihr die Taube girrt;
Rascher scheint der Bach zu schlüpfen
Der durch frische Wiesen irrt,
Und die kleinen Sommer Müken
Tanzen ringelnd ihr Entzüken.

Traurig siz ich in der Fülle
Lauter Freude rings umher,
Schwermuthsvoller, ernst und stille
Bleibt mein Busen freudenleer.
Ach! die Purpurstralen weken
Mir des Todes bleiches Schreken.

Weh mir! daß ich durch die Chöre,
Durch das Lied, das Leben singt,
Laut des Todes Röcheln höre
Das aus jedem Odem dringt,
In den Weyhrauch reiner Lüfte
Mischt sich Duft der Todtengrüfte.

Blumen, die dem Aufgang blühen,
Welken, wenn der Mittag sinkt,
Und von Wangen, die ihm glühen,
Todes Schweis der Abend trinkt,
Leichen, Gräber ohne Zahlen
Wird sein lezter Grus bestralen.

Tauche deine goldnen Flügel,
Erden Licht! ins Schatten Meer,
Streu um unsre Todenhügel
Nacht das tiefste Dunkel her,
Bis in Edens Sonnenwälzen
Unsrer Gräber Fesseln schmelzen.

Sophie Albrecht
1756–1840

Morgen

Bei der Lektüre von Sophie Albrechts *Morgenlied* fällt mir auf, dass ich viel mehr Abendlieder als Morgenlieder kenne und dass ich viel mehr über den Tod lese und schreibe als über die Geburt. Und auch Sophie Albrechts Anrufung der Sonne schlägt schon bald um in einen Abgesang über die Schattenwelt. Vielleicht sind Lieder, die am Morgen gesungen werden, einfach nichts für mich? Meine Stimme ist noch rau und kalt und kann sich kaum bewegen. Ich neige dazu, Leute, die vor neun Uhr laut singen, mit einem gewissen Argwohn zu betrachten: Wollen sie ihre Umwelt herausfordern oder nur auf sich aufmerksam machen? Haben sie wirklich schon so früh so gute Laune? Aber warum nur?

Auch mein Vater gehörte zu den Menschen, die gern schon gleich nach dem Aufstehen in Gesang ausbrachen, und, was ihn betrifft, so kann man alle obigen Fragen mit einem klaren Ja beantworten. Während der Schulzeit standen wir alle zur selben Zeit auf, aber am Sonntag schliefen mein Bruder und ich gern ein bisschen aus. Oder besser gesagt hätten wir es gern getan, denn unser Vater schlief nicht aus.

Die Schlafforschung unterscheidet zwischen Lerchen und Eulen, und unser Vater war eine Lerche, das konnte man sofort hören. Aber vielleicht war er auch ein Hahn. Spätestens um 7:45 krähte er aus voller Kehle den Choral

Die güldne Sonne voll Freud und Wonne oder *All Morgen ist ganz frisch und neu*, besonders gern im Badezimmer, das früher neben, später genau unter meinem Zimmer lag. Vom Bett aus konnte ich meine Mutter hören, die ihn mit dunkler und gedämpfter Morgenstimme bat, die Kinder doch noch ein bisschen schlafen zu lassen. Mein Vater rief aus: »Aber warum? Es ist doch schon spät genug! Wo man singt, da lass dich ruhig nieder, böse Menschen haben keine Lieder!« Mit dem letzten Satz sang er meine Mutter vielsagend an und teilte ihr auf diese Weise mit, dass sie höchstwahrscheinlich zu den bösen Menschen gehörte.

Unser Vater konnte es nur schwer ertragen, dass andere Leute schliefen, während er wach war. Unser Schlaf war eine Provokation, vielleicht weil er als Kind nie ausschlafen durfte, vielleicht weil missgelaunte, komatöse Teenager nicht in sein Familienbild passten. Er hatte die Vorstellung, wir müssten uns im Sonntagskleid (ich) und nassgebürstet (mein Bruder) um den (herrlich) gedeckten Frühstückstisch versammeln und immerzu mit den Worten »ja aber gewiss doch, sofort« aufspringen, wenn es Mutti und Vati an etwas fehlte. Da er selbst seinen Vater sehr früh verloren hatte und in der Kriegs- und Nachkriegszeit seine Kindheit oft in fremden Haushalten, getrennt von seiner Mutter und den Geschwistern verbracht hatte, konnte er seine romantischen Vorstellungen von Familie nie ganz mit der Wirklichkeit abgleichen. Unser Schlaf, unsere schlechte Laune, unsere Apathie am Frühstückstisch enttäuschten und erbosten ihn. Und gegen Enttäuschung,

Schmerz oder Wut wird bei den Hagenas beherzt angesungen.

Mein Vater hatte einen schönen Bariton, und vor allem, das hatte er mit all seinen Geschwistern gemeinsam, konnte er unwahrscheinlich laut singen. In der Kirche drehten sich die Leute in den Bänken vor uns erstaunt um, und mein Bruder und ich schämten uns in Grund und Boden. Als Pastorensohn kannte mein Vater alle Kirchenlieder auswendig, es half also nichts, wenn wir am Eingang absichtlich kein Gesangbuch für ihn mitnahmen. Bei Texthängern sang er in einem seltsamen Kauderwelsch so lange weiter, bis er den Text wieder parat hatte. So ähnlich machten wir es damals mit den ABBA-Liedern: »Mamma mia, does it show again, my my, ASTA MASTA MISTA …« Also reichten wir unserem Vater das Gesangbuch schleunigst hinüber. Wenn wir ihn beschworen, er möge doch bitte leiser singen, da die Leute in der Bank vor ihm gerade einen Hörsturz erlitten, schob er zunächst mit einem Ausdruck abwägender Skepsis die Lippen vor und schüttelte schließlich den Kopf mit einem Lächeln, das nachsichtig und beruhigend sein sollte. Manchmal flüsterte er noch: »Aber warum? Die freuen sich doch alle.« Doch wenn mein Vater flüsterte, hörte man ihn fast noch besser, als wenn er sang.

»Wer morgens singt, den holt abends die Katze«, heißt es. Genau darauf hofften mein Bruder und ich an jedem schulfreien Tag und bei jedem der – zugegeben seltenen – Kirchgänge, aber unsere Katze rannte immer gleich weg, wenn unser Vater morgens sang. Und wenn er abends sang, rannte sie auch weg.

Inzwischen singe ich selbst. Und wenn mein Herz sehr voll ist, bisweilen so laut, dass sich die Leute in der Reihe vor mir umdrehen. Ich merke, wie meine Kinder von mir abrücken. Aber bei mir ist das natürlich etwas ganz anderes, denn die Leute vor mir freuen sich ja wirklich. Allesamt. Jawohl. Nur die Katze schreckt jedes Mal aus dem Tiefschlaf, wenn ich singe. Allerdings rennt sie nicht weg, sondern herbei. Dabei schreit sie wie irre. Meine Kinder sagen, dass sie mich holen kommt. Aber ich schiebe die Lippen vor, schließe nachsichtig die Augen und lächle über die Torheit der Jugend.

Kurzes Schlaflied

Rouen
soll bei dir sein,
der Apfelzucker,
die bessere Sonne
ohne Gewalttat,
es soll bei dir sein
Rouen, Rouen.

Ilse Aichinger
1921–2016

Nacht

Gutenachtlieder sind nicht dasselbe wie gute Nachtlieder, vielleicht sind sie sogar das Gegenteil davon. Nachtlieder befassen sich mit dem Tod, dem Reich der Schatten. Gutenachtlieder helfen uns hingegen, möglichst sanft über die Schwelle zwischen Wachen und Schlafen, Licht und Dunkelheit, Bewusstsein und Bewusstlosigkeit hinwegzugleiten. »Rouen, Rouen«, raunt das lyrische Ich in Ilse Aichingers Schlaflied. Ruhen soll der Geliebte, »ohne Gewalttat«, und tatsächlich ist auch in der normannischen Stadt Rouen nicht alles »Apfelzucker«. Viele Gewalttaten fanden hier statt, die Hugenottenkriege, Feuersbrünste, die Hinrichtung von Jeanne d'Arc, die Bombardierung durch die Nazis. Doch davon jetzt nichts, der Schlaf löst alles – zumindest für eine Zeitlang – auf, Rouen, Rouen, alles möge in Frieden ruhen.

Physiologisch betrachtet ist es nahezu unmöglich, gleichzeitig zu singen und Angst zu haben. Beim Singen wird das Belohnungssystem im Gehirn stimuliert und das Glückshormon Oxytocin ausgeschüttet. Oxytocin ist mir eigentlich vor allem im Zusammenhang mit Geburt und Stillen ein Begriff. Doch es regt nicht nur die Wehen an oder fördert die Milchbildung, sondern stärkt auch die Bindung zwischen Mutter und Kind, zwischen den Eltern untereinander, ja zwischen den Menschen überhaupt. Durch das Singen werden zudem die Stresshormone im Blut reduziert, und das tiefe Einatmen erhöht die Sauerstoffkonzentration im Blut – mehr Energie ist die Folge.

Beim Gutenachtliedersingen muss aber nicht viel Energie verbraucht oder freigesetzt werden. Gutenachtlieder sind leise, innig, mit ausströmender Luft gesungen, manchmal fast ins Ohr geflüstert. Eltern singen ihrem Kind erst vor, und irgendwann singt das Kind mit. So entstehen kleine Chöre aus zwei, drei oder noch mehr Leuten, deren Bindung ohnehin schon intensiv ist, und die durchs Singen noch enger aneinanderrücken.

Wenn die Kinder nicht einschlafen können, schlecht träumen oder Angst haben, muss so lange gesungen werden, bis die ersehnte und singend erbetene Ruhe kommt. Das Gutenachtliedersingen ist etwas sehr Archaisches,

Intuitives, dafür muss man vorher keine neurologischen Fachbücher über das Verhalten des Hypophysenvorderlappens unter dem Einfluss von Gesang gelesen haben. Es reicht, dass man ein Herz hat, das schlägt, denn das ist der erste Rhythmus, dem das Kind im Mutterleib ausgesetzt ist. Ich kenne allerdings ein spanisches Wiegenlied mit einem flotten Beat, bei dem das Kindlein kräftig durchgeschüttelt wird. Bevor ich selbst Kinder hatte, fand ich das sonderbar. Mit solchen Wiegenliedern, dachte ich, ist es natürlich kein Wunder, dass die spanischen Kinder nachts um elf immer noch draußen vor den Restaurants auf der Straße spielten. Aber nun weiß ich, wie gut Kinder einschlafen, wenn der Kinderwagen über unbefestigte Feldwege hoppelt, je rauer, desto besser. Da erscheinen mir unsere langsamen, zarten und getragenen Gutenachtlieder fast kontraproduktiv. Andererseits sollen sie ja Ängste auflösen, Ruhe verströmen und entspannen – auch wenn am Ende vom Lied meistens die Eltern und nicht die Kinder schlafend auf der Matratze liegen.

In meiner Kindheit war mein Vater für das Singen zuständig – für die solistischen Kampfgesänge am frühen Morgen wie für die Lieder zur guten Nacht. Wir hatten ein Repertoire von ungefähr dreißig Gutenachtliedern, manche davon waren langstrophige Weisen für Abende, an denen es noch nicht so spät war. *Weißt du, wie viel Sternlein stehen* erschien mir immer endlos, aber das lag vielleicht am Thema: wie viele Sternlein, wie viele Wolken, wie viele Mücklein, wie viele Fischlein, wie viele Kinder? Unendlich! Es gab aber auch ganz knappe Lieder für die Abende, an denen mein Vater noch wegmusste: »Nun wollen wir singen das Abendlied und beten, dass Gott uns behüt.« Fertig. Das war das kürzeste. Das Lied hat zwar noch ein paar Strophen mehr, aber wenn es wirklich schnell gehen musste, reichte die erste. War ich krank, sangen wir grundsätzlich *Der Mond ist aufgegangen*, weil es in der letzten Strophe heißt »Und lass uns ruhig schlafen. Und unsern kranken Nachbarn auch.« Allerdings warfen wir dann den Nachbarn kurz entschlossen raus und setzten eine zweisilbige Kurzform meines viersilbigen Vornamens ein. Oder wir verlängerten den einsilbigen Vornamen meines Bruders, wenn dieser krank war, oder, falls eben nötig, den Namen irgendeines anderen Familienmitglieds. Nur wenn einer unserer Nachbarn krank war, dann sangen wir natürlich »und unsern kranken Nachbarn auch«. Dabei nickten wir bedeutsam und zeigten singend in die grobe Richtung des gemeinten Nachbarn.

Es gab eine Zeit in meiner Kindheit, ich weiß nicht genau, wie alt ich war, vielleicht vier oder fünf, da fürchtete ich mich vor dem Einschlafen. Ich hatte Angst, im Schlaf zu sterben und dann für immer fort zu sein. Einige Male war es mir passiert, dass ich im Moment des Einschlafens halb aufwachte und weder zurück in den Schlaf noch ins Wachsein fand. Ich steckte fest in einem Niemandsland zwischen Traum und Welt, einem Zwischenweltraum, in dem ich einen nächtlichen, submarinen Abgrund hinabglitt und gleichzeitig versuchte, mich an die Oberfläche zurückzustrampeln. Ich wusste, wenn ich mich diesem unendlichen Sinken hingäbe, würde ich mich in ein dunkelblaues Nichts auflösen, und das wäre es dann gewesen. Also versuchte ich, in letzter Sekunde und von Todesangst getrieben, mich mit einem Ruck, bei dem ich meine ganze Kraft zusammennahm, aus diesem Schwellenreich zu reißen. Wachte ich endlich auf, klopfte mein Herz so wild, dass ich gleich wieder Angst bekam. Anfangs rief ich meine Eltern, aber die waren wenig erbaut, weil sie dachten, ich wollte nur das Gutenachtsagen in die Länge ziehen. Ich konnte ihnen nicht erklären, was da mit mir passierte, vielleicht weil ich es selbst nicht verstand oder weil ich beim Erzählen die Angst noch einmal durchlebte. Dabei wären Freudentränen und Küsse der Erleichterung viel angemessener gewesen als die ungeduldigen Seufzer, die sie ausstießen. Schließlich war ich dem Tod gerade eben von der Schippe gesprungen. Die Verführung, einfach weiterzufallen, war immer groß. Ich hatte mich schließlich auch meinen Eltern zuliebe wieder mit Gewalt zurück ins Leben gerissen, da sollten sie mir lieber dankbar sein, als mit gepresster Stimme zu behaupten, jetzt sei es aber mal wirklich gut, wobei sie mit »gut« immer gerade das Gegenteil meinten. Und dann gingen sie hinaus, und ich zwang mich, wach zu bleiben, weil eine »gute Nacht« ja vielleicht auch das Gegenteil von gut sein könnte, und, je länger ich darüber nachdachte, desto klarer wurde mir, dass auch die Gutenachtlieder vom Tod handelten.

Was sonst sollte damit gemeint sein, wenn man sang: »Morgen früh, wenn Gott will, wirst du wieder geweckt«? Es gab keine Garantie dafür, dass Gott jeden gottverdammten Morgen wollte, dass man geweckt würde. »Bleib bei uns, denn es will Abend werden, und der Tag hat sich geneiget«? Dieses Lied war ganz klar das letzte Gebet eines Sterbenden. Ich wusste, dass über das Sterben oft nur in versteckten Andeutungen gesprochen wurde, dass Menschen »entschlafen« können, sich zur »letzten Ruhe betteten«. Meine eigene Großmutter väterlicherseits war, wie man mir erzählte, »morgens einfach nicht mehr aufgewacht«. Das sollte tröstlich klingen, erschreckte mich aber zutiefst. Meine arme Großmutter war offenbar an diesem einen Abend einfach zu müde gewesen, um sich dem nächtlichen Todessturz mit einem mutigen Ruck zu entziehen, und schon war sie »morgens einfach nicht mehr aufgewacht«.

Vielleicht ein halbes Jahr lang weigerte ich mich, abends einzuschlafen. Es war bestimmt eine schreckliche Zeit für meine Eltern, aber für mich war sie auch nicht toll. Das Lied mit dem Vers »wenn Gott will« durfte jahrelang nicht angestimmt werden, stattdessen sangen wir Lieder von jenem Bach, der am Felsen rauscht und fließet. Oder das Lied vom sich schüttelnden Blütenbaum, oder das vom Mond.

Inzwischen bin ich es, die meinem Vater Abendlieder vorsingt, manchmal stundenlang. Er liegt in einem Pflegeheim, umnachtet, ganz ohne Sprache. Aber wenn ich Brahms' *Wiegenlied* anstimme, singt er die erste Strophe mit, und morgen früh, wenn Gott will, wird er wieder geweckt. Und sein kranker Nachbar auch.

An die Parzen

Nur Einen Sommer gönnt, ihr Gewaltigen!
Und einen Herbst zu reifem Gesange mir,
Daß williger mein Herz, vom süßen
Spiele gesättiget, dann mir sterbe.

Die Seele, der im Leben ihr göttlich Recht
Nicht ward, sie ruht auch drunten im Orkus nicht;
Doch ist mir einst das Heil'ge, das am
Herzen mir liegt, das Gedicht, gelungen,

Willkommen dann, o Stille der Schattenwelt!
Zufrieden bin ich, wenn auch mein Saitenspiel
Mich nicht hinab geleitet; Einmal
Lebt ich, wie Götter, und mehr bedarfs nicht.

Friedrich Hölderlin
1770–1843

Schreiben

Singen und Schreiben sind für mich untrennbar miteinander verbunden. Ein geglückter Satz fühlt sich genauso an wie ein geglückter Ton. Beim Singen wie beim Schreiben ist es wichtig, dass ich meine eigene Stimme und genau den Ton finde, bei dem meine Stimme am freisten schwingt.

Singen und schreiben – anders als sprechen – haben zudem eine bestimmte räumliche Wirkung. So wie ich singend eine Konzerthalle, eine Duschkabine, ein Treppenhaus, eine Unterführung oder ein Kirchenschiff anfüllen kann und mit jedem Ton selbst einen Ort erschaffe, in dem etwas widerhallt, so eröffne ich schreibend Räume, von deren Wänden komplexe Echos hin und her geworfen werden, in denen Dinge anklingen und vibrierende Obertöne aus dem Nichts erscheinen, anschwellen und wieder verschwinden.

Singen und Schreiben sind eine Sache des Atems, und das meine ich nicht nur metaphorisch als Inspiration, also als Einhauchung von Pneuma, dem göttlichen Atem. Nein, ich meine es ganz wörtlich und körperlich; was sich anhört wie ein Widerspruch, ist keiner: Auch geschrieben gibt es atemlose Sätze. Und es gibt solche, die als lange Phrasen ganz eng am Luftstrom auf- und absteigen und dennoch unangestrengt und leicht zu schweben scheinen. Und solche, die noch nachklingen, längst nachdem sie zu Ende sind, und deren Echo durch das gesamte Buch hindurch hörbar bleibt. Gab es »Leitmotive« zuerst in der Musik oder in der Literatur? Wenn Leute, die ich kenne, meine Stimme in einem Text erkennen, dann nicht, weil alle Personen darin gleich klingen, sondern weil jeder Satz auf meinen Atem geschrieben ist, mit meinen Pausen, mit dem Rhythmus meines Herzens, das sauerstoffarmes Blut in die Lunge pumpt und sauerstoffreiches Blut zurück in die Blutgefäße. Wie sollte es auch anders sein? Schließlich ist mein Hirn Teil meines Körpers, meines Organismus, der beim Schreiben genauso beansprucht wird wie bei jeder anderen Tätigkeit.

Es gibt Buchpassagen, die schreiben sich wie von allein, und das fühlt sich an wie beim Singen von bestimmten Liedern, die für meine Stimme gemacht zu sein scheinen (im Gegensatz zu anderen Liedern, die ich vielleicht gern mag, aber die mir nicht richtig passen. Immer zwickt oder drückt etwas, ich sacke, finde keine Stelle zum Luftholen, bekomme Töne nicht richtig zu fassen). In bestimmten Tonarten singe ich lieber als in anderen, F-Dur gehört dazu, D-Dur und G-Dur. Bei zu viel C-Dur fühlt es sich irgendwann an, als beschlügen meine Töne wie die Fensterscheiben mancher Autos im Winter.

So gibt es auch beim Schreiben bestimmte Tonlagen, die ich vermeide, weil sie bei mir einfach nicht leuchten wollen. Beim Schreiben wie beim Singen gibt es falsche Töne. Wörter, Sätze, bei denen man einfach danebenliegt. Bisweilen bricht einem die Stimme weg und man muss von vorne anfangen oder lässt die Finger ganz davon.

Manchmal gehe ich durch meine Bücher und finde Passagen, die ich im Nachhinein lieber leiser hätte, andere würde ich heute lauter schreiben.

Singen wie Schreiben geht nur ohne Filter, ohne Dämpfer, ohne Pedal. Bei beidem ziehst du etwas in dein Inneres, und von dort strömt es verwandelt wieder aus dir hinaus. Nur in seiner neuen Gestalt als Ton oder Wort kann das, was du erlebst, universell erfahrbar werden.

Als meine Mutter gestorben war, musste ich bei dem Lied *Innsbruck, ich muss dich lassen* immer weinen. Meine Mutter kam aus einem kleinen Dorf im Norden Deutschlands. Die Weser ist dort schon breit wie das Meer, und der Wind schmeckt nach Salz. Sie hatte noch nie die Berge gesehen, bevor sie gleich nach der Schule zum Studieren für ein Semester nach Innsbruck ging. Ich glaube nicht, dass dies die glücklichste Zeit ihres Lebens war, dafür war sie zu verschlossen. Aber sie hing trotzdem ihr Leben lang an dieser Stadt und an diesem Lied, in dem es ja genau genommen gar nicht um Innsbruck geht, sondern um Abschied. Und damit kannte sich meine immer und immer wieder von Heimweh heimgesuchte Mutter aus.

An diesem schlichten Lied von Heinrich Isaac, einem der ältesten deutschsprachigen Volkslieder überhaupt, kann man einige musikalische Dinge lernen: wie man Töne singend einsaugt. Wie man ein Legato so singt, dass ein Ton aus dem nächsten hervorknospt. Wie man scheinbar geraden Tönen durch zartestes Laut- und Leisewerden Kurven und Schwung gibt. Wie man ganz am

Ende die langen und kurzen Noten so singt, dass alles in ein harmonisches Wiegen gerät und man plötzlich genug Luft hat, um alles auf einem Atemzug zu Ende zu schaukeln. Meine wundervolle Gesangslehrerin Frau Rottmann stellt das Lied daher gern an den Anfang einer Stunde. Aber nach dem Tod meiner Mutter kam ich selten bis zur Wiederholung der ersten beiden Verse, bevor ich in Tränen ausbrach. Frau Rottmann sagte, wenn ich es einfach immer wieder sänge, würden die Tränen irgendwann im Lied sein, und dann würden die, die es hörten, weinen, ich aber nicht mehr. Beim Schreiben ist es letztlich genauso.

Die Stimmbänder sind wie der Mitschnitt deines Lebens: die ersten Wutschreie, das Gegröle beim Open-Air-Konzert am Baggersee, der Jubel nach dem Bestehen deines Führerscheins, die Geburten deiner Kinder, die Heiserkeit nach einer Lese- oder Chorreise, Schmerzenslaute, Freudenschreie, alles wird auf ihnen verzeichnet. Im Laufe der Jahre hat sich meine Stimme, sowohl singend als auch schreibend, ein wenig verändert. Vielleicht ist das Teil des reifen Gesanges, von dem Hölderlin spricht: Die »Stille der Schattenwelt« kommt näher, und alles wird mit der Zeit eine Spur dunkler.

Nur ein Lied färbt die Grauseele bunter

Ich setze mich hin unter nächstbesten Busch
Und sing's Blau mir vom Himmel herunter;
Nur ein Lied färbt die Grauseele bunter.
Aus dem Grautag, in welchen die Sorge öd weint,
Wird ein Blautag, sobald nur ein Lied hell erscheint;
Die verstockteste Wolke wird munter.
Wo ein Liebeslied rot wie die Sonne aufgeht,
Jede Wange frohleuchtend voll Herzblut dasteht.
So ein Rot geht dann schwer mehr herunter.

Max Dauthendey
1867–1918

Stimmbilder

Früher wollte ich immer zweistimmig singen können. Ich stellte es mir sehr unterhaltsam vor, zum Beispiel auf dem Schulweg oder im Wartezimmer der Kieferorthopädin, in dem ich oft stundenlang allein herumsaß und Stapel zerfledderter Comics abarbeitete, einen Kanon anzustimmen. Früh begann ich, mit elektrischen Haushaltsgeräten zu singen, indem ich ihren hohen Summton aufgriff, um vielleicht eine Terz darüber oder darunter zu singen oder andere Akkorde, die dazu passten. Föhn, Mixer und Staubsauger haben verschiedene Stärkestufen mit unterschiedlichen Summtönen, da kann man bei der Hausarbeit schon einiges an Melodien herausholen.

Im ersten Semester meines Studiums zog ich in ein Studentenwohnheim auf dem Schlossberg von Marburg. Dort wohnte auch ein Germanistikstudent, mit dem ich ab und zu ein Schwätzchen auf der Treppe hielt. Marburg ist voller Treppen. Mein Mitbewohner hieß Martin und arbeitete nebenher für den Hessischen Rundfunk, und zwar als Helmut-Kohl-Stimmen-Imitator. Es war fast unheimlich, wie gut er die sonore Stimme und den pfälzischen Dialekt des damaligen Bundeskanzlers nachmachen konnte. Im wahren Leben sprach er aber Hessisch, das er übertrieben breit artikulierte, was komisch und zugleich befremdlich war. Wenn ich mit ihm sprach, wusste ich nie genau, ob er gerade etwas aufführte oder sich über mich lustig machte. Allein sein Kunstdialekt schloss Letzteres eigentlich aus.

Bis auf jenen einen Abend, als ich ihm mit einer Zeichenmappe unter dem Arm auf der Treppe begegnete und er mir erzählte, dass er gerade von seiner Obertonmeditation zurückkomme. Da ich mir nichts darunter vorstellen konnte, ja nicht einmal wusste, dass es so etwas wie Obertöne überhaupt gab, erklärte er es mir, ernst und freundlich und offenbar immer noch erfüllt von der inneren Ruhe seiner Meditation: Jeder einzelne Ton eines Instruments oder einer Stimme besteht aus vielen verschiedenen Obertönen, die um den Grundton herum liegen und die *Farbe* des Klangs bestimmen. Der Grundton ist der tiefste Ton, das Gemisch an Beiklängen liegt darüber. Durch lockeres, entspanntes Singen mit bestimmten Einstellungen im Mundraum, also zum Beispiel durch das Einrollen der Zunge wie beim Buchstaben L, kann man die Obertöne der eigenen Stimme besonders stark hervortreten lassen oder sogar bewusst führen. Da ich es mir immer noch nicht ganz vorstellen konnte, spielte mir Martin eine Kassettenaufnahme aus seiner Meditation vor. Erst hörte ich nichts außer seinem starken Bass, aber irgendwann vernahm ich plötzlich eine Art Orgelpfeifen, von dem ich nicht genau sagen konnte, woher es kam. Es schwebte über seiner Singstimme, trat mal mehr, mal weniger deutlich hervor. Irgendwie fühlte ich mich an meine Duette mit den Elektrogeräten erinnert, die Obertöne klangen jedenfalls nicht menschlich. Sie klangen aber auch nicht elektrisch. Sie klangen, ja ich kann es nicht anders sagen, sie klangen sphärisch. Er konnte wahrhaftig zweistimmig mit sich selbst singen!

Schließlich klappte er noch seine Zeichenmappe auf und legte ein paar Bilder auf die Treppe. Mit einem breiten Pinsel und schwarzer Farbe hatte er Kreise und Kringel gemalt. Ich sah die Linien der einzelnen Borsten parallel nebeneinander. Es sah ein bisschen aus wie chinesische Kalligrafie.

Viele Jahre später, mein Kommilitone war längst ein berühmter Comedian geworden, stieß ich zufällig auf die Stimmbilder von Margaret Watts Hughes. Sie erinnerten mich ein bisschen an Martins Obertonbilder von damals, waren aber bunt und anders entstanden – wenngleich ebenfalls durch Gesang und Meditation.

Margaret Watts Hughes wurde 1842 in Dowlais, Südwales, geboren und zur Sängerin ausgebildet. Sie muss eine sehr gute Stimme gehabt haben, denn die berühmte »schwedische Nachtigall« Jenny Lind (sie wird auch in Joyce' *Ulysses* erwähnt) betrachtete sie als »Schwester« in der Kunst. Forscher vermuten, dass Watts Hughes vielleicht Stimmprobleme hatte und deshalb ihre Stimmkraft sichtbar und damit messbar machen wollte. Sie selbst schreibt, sie habe einfach nur geübt und sei dabei auf die Idee gekommen, die Schallwellen ihrer Stimme mit einem von ihr selbst entwickelten Gerät zu untersuchen: Man singt lange Töne in eine große Röhre, über deren anderes Ende eine Membran gespannt ist. Auf dieser liegt ein Pulver, zum Beispiel die Sporen der Pflanze Wolfsklau. Die Schallwellen, die von unten auf die Membran prallen, verteilen das Pulver über der elastischen Oberfläche, aber nicht willkürlich, sondern in bestimmten geometrischen Mustern, die sich je nach Tonhöhe oder Intervall verändern. Das Gerät nannte sie *eidophone*, von *eidos*, die Gestalt, und *phone*, Stimme, Ton, Klang. Es ist also ein Gerät zur Sichtbarmachung der Stimme. Die Bilder, die dabei entstanden, nannte Margaret Watts Hughes *voice figures*, Stimmfiguren, Stimmformen. Zunächst bestrich Watts Hughes die Oberfläche der Membran mit Wasser oder Milch, sodass die von der Stimme geführten Pulverspuren deutlicher zu sehen waren. Irgendwann entdeckte sie, dass das Farbpulver Glycerin die besten Stimmbilder hervorbrachte. So entwickelten sich aus den eher einfachen *voice figures* hochkomplexe *voice inspirations*, die auf einer pigmentierten Glasplatte entstanden und an magische Landschaften und Unterwasserwelten erinnerten. Längst standen die Bilder und nicht mehr die Stimmübungen im Vordergrund. Margaret Watts Hughes' Entwicklung als Künstlerin offenbart sich für mich in ihrer behutsamen Manipulation der Glasplatten. Denn so ganz von allein wurden die Stimmbilder nicht zu Landschaftsgemälden. Sie half nach, indem sie die runde Membran manuell verschob, unterschiedliche Schlauchdicken verwendete, die Töne nach ihrem Aussehen wählte – und warum nicht? Sie sang sich, wie in Max Dauthendeys Gedicht, »das Blau … vom Himmel herunter«. Für sie waren die Bilder ein weiterer Beweis der Göttlichkeit aller Formen der Natur. Die ästhetische Kraft des sichtbar gewordenen Gesangs wird ja gerade durch Margaret Watts Hughes' Nachhelfen stärker und paradoxerweise auch wahrhaftiger als ein reines Vokalexperiment. Ihr Werk steht genau an der Schnittstelle von Wissenschaft und Kunst, an einem der Entstehungspunkte von Sound Art.

Das Eidophon stellte Margaret Watts Hughes der Royal Society vor und schrieb einen längeren Aufsatz darüber, wie das Gerät funktioniert und was für besondere Formen aus der Geometrie und der Natur es hervorbringt. Das Wichtigste sei, schrieb Watts Hughes, dass die Stimme beim Singen entspannt bleibe, sonst bewege sich nämlich gar nichts. Da man das Eidophon mit dem Mund ganz abschließt und erst mit einiger Übung die einzelnen Körner singend in Bewegung bringen kann, erscheint es mir fast weniger ein Messinstrument als vielmehr ein Musikinstrument zu sein, ein walisisches Didgeridoo, das Bilder malt von fantastischen Farnwäldern, Bäumen, die in mehrere Richtungen wurzeln, mit Wolken und Sonnen, Landkarten unbekannter Planeten. Manche erinnern an Kieselalgen unter dem Rasterelektronenmikroskop, andere an Seeanemonen mit submariner Flora, und wieder andere sehen aus wie galaktische Weichtiere, wahrscheinlich die Verursacher von Wurmlöchern im Universum.

Eines der Stimmbilder von Margaret Watts Hughes ist auf dem Umschlag dieses Buchs, es entstand beim Singen einer Oktave: große Klangblasen mit Wellenzeichnungen wie auf einer Sandbank bei Ebbe. Ich muss beim Betrachten an jene Kreise und Kringel meines Marburger Kommilitonen denken, die er malte, während er mit entspannter Stimme sphärische Obertöne sang. Zufall? Oder strebt die Stimme singend nach Wellen, runden Formen, Blasen und Planeten? Sprachlich betrachtet, und so betrachte ich die Dinge nun einmal, ergibt dies Sinn: Sphärisch bedeutet wörtlich kugelförmig.

Ein nicht so besonderer Vogel

Einmal wünschte ich, ein Vogel flöge endlich weg.
Und sänge nicht den ganzen Tag vor meinem Haus.

Hab vor der Tür geklatscht, damit er sich erschreckt,
als ich glaubte, ich hielte es nicht länger aus.

Ich gebe zu, der Fehler lag nicht nur beim Tier.
Der Vogel sang ja bloß sein Lied – und hat mir so gezeigt,

dass sicher etwas völlig falsch läuft, auch bei mir,
wenn jemand macht, dass jemand anders schweigt.

Robert Frost
1874–1963

Dusche

Chor, Gesangsstunden, Atemtherapie, Stimmbildung – es gibt viele Möglichkeiten, singen zu lernen. Und singen ist, wie jedes Musikinstrument, sehr gut erlernbar. Das Beste ist, man muss nie ganz von vorne anfangen, wie zum Beispiel beim Geigespielen, wo man schon sehr viele komplizierte Dinge beherrschen muss, lange bevor man den ersten schönen Ton spielen kann. Ich glaube nicht, dass es viele Menschen gibt, die noch nie einen Ton gesungen haben. Als Kind macht man sich keine Gedanken um richtige Töne.

Aber wenn Erwachsene mit Erwachsenen singen, ist es nicht mehr so einfach. Da das Singen so vieles in uns öffnet und offenlegt, fördert es auch Ängste und Unsicherheit zutage. Nun geht Singen und Angsthaben aber nicht zusammen, also kann es passieren, dass die Stimme wegbleibt, abbricht, und dem Verängstigten entfährt dabei vielleicht ein komisches, gurgelndes oder krächzendes Geräusch. Umstehende fangen an zu lachen oder schauen mitleidig, und die Demütigung, die man so gefürchtet hatte, ist tatsächlich eingetreten. Gerade Ungeübte treffen nicht immer genau den Ton, den sie anvisiert haben, das ist beim Singen viel schwieriger als beispielsweise beim Klavierspielen. Bei einem Tasteninstrument müssen wir uns nicht unbedingt jeden Ton erst genau vorstellen, bevor wir ihn erklingen lassen. Wir drücken einfach drauf. Singen ist zugleich viel intimer und abstrakter, die Töne sind zwar alle in dir drin, aber du musst sie auch beherzt ergreifen. Und wer noch nicht viel gesungen hat, kriegt nicht immer jeden Ton zu fassen.

»Ich kann nicht singen«, dieser Satz wird bei geringfügigstem Nachbohren immer mit einer Anekdote begleitet, in der sich grausame Musiklehrer, unfreundliche Banknachbarinnen, hartherzige Familienmitglieder abfällig über die Stimme desjenigen geäußert haben, der nun nicht mehr singt. So erklärte mir jüngst eine Freundin, die gern allein, doch niemals im Beisein anderer singt, dass ihr in der zweiten Klasse Sabine N. beim Singen die vernichtenden Worte »du brummst« zugeraunt habe. Meine Freundin hat sich daraufhin so geschämt, dass sie seither beim Singen mit anderen nur noch die Lippen bewegt. (Sabine N. ist heute übrigens Chorleiterin.)

Jemandem zu sagen, er solle aufhören zu singen, ist schon verletzend genug, das erkennt Robert Frosts lyrisches Ich, nachdem es einen Vogel verscheucht hat. Aber einer Person zu sagen, sie habe keine gute Stimme, ist eine Kränkung, die niemals aufhört zu schmerzen. Sie kommt einer Ablehnung des ganzen Menschen gleich. Wie bitte soll man dann noch freudig jubelnd in irgendwelche Chöre einstimmen? Die Scham beim schlechten Singen ist viel ausgeprägter als bei anderen Dingen, die man nicht gut kann. Wenn mir zum Beispiel jemand sagt, ich hätte eine Sauklaue, dann nehme ich das schulterzuckend entgegen, vielleicht zische ich »Analphabet« oder murmle angriffslustig und mit langem Blick auf die Seiten in den Händen meines Gegenübers, dass ich mir wenigstens nicht so eine dümmliche, runde Druckschrift angewöhnt hätte, die zurzeit in Mode sei. Aber letztlich berührt es nicht mein Innerstes, obwohl das Schreiben – und nicht Singen – mein Beruf ist.

Warum also ist Singen zugleich so beglückend und so beängstigend? Warum würden viele Chorsängerinnen und Chorsänger niemals auch nur drei Töne alleine singen? Warum macht Singen zugleich stark und verletzlich?

Manchen Leuten ist Singen immer unangenehm, sowohl das Selbersingen als auch das Zuhören. Sie könnten es vielleicht sogar, sind musikalisch, spielen Instrumente, lieben die Goldberg-Variationen, aber Singen empfinden sie als peinlich und übergriffig. Bis zu einem gewissen – wenngleich sehr niedrigen – Grad kann ich das verstehen. Gesang ist immer gleich so unmittelbar und nah. Vielleicht wollte man gar nicht so viel über diese Person erfahren, wie sie uns singend mitteilt?

Gesang greift außerdem die Vernunft an, fand Platon und hegte großes Misstrauen gegenüber dem Gesang. Und den heiligen Kirchenvater Augustinus brachte Gesang in ein moralisches Dilemma, das er in seinen *Bekenntnissen* entwaffnend ehrlich beschreibt: »So schwanke ich hin und her zwischen der Gefahr der Sinneslust und dem Erlebnis heilsamer Wirkung (...). Freilich, wenn es mir geschieht, dass mich das Singen mehr bewegt als das gesungene Wort, so ist es, ich bekenne, meine sträfliche Sünde, und ich möchte dann lieber gar nicht singen hören.« Doch zeigt sich in Augustinus' Bedenken natürlich vor allem eines: seine große Liebe zum Gesang.

Die »Gefahr der Sinneslust« ist beim Singen tatsächlich immer gegeben. Hinzu kommen noch die verzerrten Gesichter, gefletschten Zähne, intimen Mundhöhleneinblicke mit schleimigen Zungen und Speichelfäden, hochgezogenen Brauen, geblähten Nüstern, wiegenden und schlängelnden Bewegungen. Beim Singen ist der ganze Körper das Instrument, das ist lustvoll, aber nicht immer anmutig. Und es geht allen, die es tun, ebenso wie denen, die es hören, durch und durch. Um einen schwerelos-schwebenden Ton zu erzeugen, ist der Körper mit voller Kraft im Einsatz. Viele Sänger haben besondere Kniffe, um bestimmte Töne besser formen oder greifen zu können, und dazu gehört zum Beispiel das Wegziehen der Lippen von den Zähnen, oder das Loslassen bestimmter Gesichtsmuskeln – manchmal noch bevor überhaupt ein Ton herauskommt. Das kann durchaus wild aussehen, bisweilen auch etwas wahnsinnig.

Trotz langer Chorerfahrung, trotz einer Menge Gesangsstunden und vieler Jahre Atemtherapie gibt es immer noch Aufwärmübungen, bei denen sich etwas in mir sträubt. Laute Affenschreie und die meisten anderen Tiergeräusche gehören dazu (Mücken sind okay). Exzessives Lippenflattern, während man dabei lange Melodien singt, mag ich auch nicht sehr. Ebenso wenig wie lautes Stöhnen mit schlaffen Kiefern, sodass die Zunge kloßig und schwer auf den unteren Schneidezähnen liegt. Ich gebe zu, manchmal habe auch ich das Gefühl, dass der Preis für einen hohen Ton einfach zu hoch ist.

Natürlich ist das allein mein Problem. Warum möchte ich unbedingt gut aussehen beim Singen, wo doch eigentlich niemand gut aussieht dabei? Warum bin ich nicht ganz bei mir selbst und lasse die Lippen flattern, bis mein Lippenstift in Fetzen abfliegt und mein Gesicht mit einem feinen Spuckesprühnebel überzogen ist? Warum kann ich nicht einfach tollkühn kreischen wie eine alte Meerkatze? Warum muss ich mir bei allem selbst zusehen und mir dann die Gedanken der anderen machen? Übrigens hat kein Gesangslehrer nur peinliche Aufwärmübungen, aber jeder hat immer mindestens eine, die mir schwerfällt.

Zu singen, wenn man ganz für sich ist, fällt hingegen immer leicht. Die Dusche scheint für die meisten Menschen ein Ort zu sein, an dem sie ohne Scham Lieder singen können. Da man dafür nackt sein muss, liegt es nahe, mit dem letzten Hemd auch die letzten Hemmungen abzustreifen. Außerdem herrscht im Badezimmer oft die beste Akustik, ein freundlicher Hall vergrößert die Stimme, und das Geräusch des laufenden Wassers bewirkt, dass die Schwelle des In-eine-Stille-hinein-Singens nicht mehr überwunden werden muss. Ich denke dabei immer sofort an jenen Film von Woody Allen, in dem ein Bestattungsunternehmer göttlich singen kann, aber eben nur unter der Dusche. Er wird von einem pensionierten Opernregisseur entdeckt, der dafür sorgt, dass der Mann nur in einer Duschkabine bei laufendem Wasser auftritt. Er wird sofort ein Weltstar. In einer kurzen Sequenz sieht man alle berühmten Opernbühnen der Welt, die Scala, die Metropolitan Opera, La Fenice, Covent Garden, und von irgendwo wird immer eine Dusche angerollt, in der sich der Bestattungsunternehmer schrubbt und einseift, während er mit seinem Gesang die Massen begeistert. Dass er dabei nackt in einer hüfthohen Kabine steht, die mit einem knappen Milchglasstreifen nur das Allernötigste verdeckt, macht ihm nichts aus. Denn singend zeigt er tausendmal mehr von sich.

Lieder von einer Insel

Wenn einer fortgeht, muß er den Hut
mit den Muscheln, die er sommerüber
gesammelt hat, ins Meer werfen
und fahren mit wehendem Haar,
er muß den Tisch, den er seiner Liebe
deckte, ins Meer stürzen,
er muß den Rest des Weins,
der im Glas blieb, ins Meer schütten,
er muß den Fischen sein Brot geben
und einen Tropfen Blut ins Meer mischen,
er muß sein Messer gut in die Wellen treiben
und seinen Schuh versenken,
Herz, Anker und Kreuz,
und fahren mit wehendem Haar!
Dann wird er wiederkommen.
Wann?
Frag nicht.
…

Ingeborg Bachmann
1926–1973

Heimat

Meine Familie mütterlicherseits hat sich über unzählige Generationen kaum von ihren Ländereien fortbewegt. So ist der Bruder meines Großvaters zwar einmal nach Amerika ausgewandert, doch kam er nach ein oder zwei Jahren wieder zurück nach Schiffdorf. Er fand wohl, er hatte genug Geld verdient, aber vielleicht hatte er auch nur Heimweh nach der Weite der Norddeutschen Tiefebene und der Enge des heimatlichen Dorfes.

Als meine Mutter mit meinem Vater Anfang der Sechzigerjahre hinunter in die Oberrheinische Tiefebene zog, begann ihr lebenslanges Warten auf Rückkehr. Sie hoffte immer, dass er vielleicht einen Ruf an eine norddeutsche Universität erhalten würde – vergeblich. Deshalb kenne ich viele melancholische, plattdeutsche Lieder wie *Dat du mien Leevsten büst* oder *Ick wull wi weern noch kleen, Jehann.* Doch das Lied, das sie am liebsten sang, war das von der schönen jungen Lilofee. Wenn sie es zu Ende gesungen hatte, biss sie sich auf die Unterlippe, lächelte ein wenig verlegen, stand auf und machte den Garten oder einen Waldlauf, backte einen Kuchen oder ging schwimmen.

Es freit ein wilder Wassermann
In der Burg wohl über dem See;
Des Königs Tochter muß er han,
Die schöne, junge Lilofee.

Sie hörte drunten die Glocken gehn
Im tiefen, tiefen See,
Wollt Vater und Mutter wiedersehn,
Die schöne, junge Lilofee.

Und als sie vor dem Tore stand
Auf der Burg wohl über dem See,
Da stand der wilde Wassermann
vor der schönen, jungen Lilofee.

»Sprich, willst du hinuntergehn mit mir
Von der Burg wohl in den See?
Deine Kindlein weinen nach dir,
Du schöne, junge Lilofee.«

»Und eh ich die Kindlein weinen laß
Im tiefen, tiefen See,
Scheid ich von Laub und grünem Gras,
Ich arme, junge Lilofee.«

Es war klar, dass meine durchtrainierte Mutter mit ihren täglichen Waldläufen und Reckübungen, dem schicken, aber auch praktischen Kurzhaarschnitt, mit ihren Jeans und ärmellosen Polohemden sich mit dem Burgfräulein Lilofee identifizierte. Das Lied sprach ihr aus dem Herzen, aber mich kränkte es. Ich verstand durchaus, dass mein Bruder und ich die glitschige Wassermannsbrut waren und dass unser Haus und die Wälder drum herum der tiefe, tiefe See waren. Es war nutzlos, sie darauf hinzuweisen, dass das Laub und das grüne Gras bei uns hier unten in Baden viel dichter und grüner waren als in ihrer grau verregneten Heimat. Ja, wenn ich es recht bedachte, so war eigentlich *sie* die Wasserfrau, die sich bereit erklärte, auf den tiefen, tiefen See zu verzichten und ihren Kindern zuliebe in der lichten Burg zu wohnen, die große Ähnlichkeit mit unserem Einfamilienhaus hatte. Hinzu kam, dass in der Welt meines Vaters viel mehr Kirchenglocken bimmelten als in ihrer. Denn während er aus einem evangelischen Pfarrhaus stammt, war sie dagegen recht heidnisch aufgewachsen: Krischan, ihr Vater, war aus der Kirche ausgetreten, und so blieb meine Mutter bis zu ihrer Hochzeit ungetauft und ohne eine einzige Schulstunde Religion – ganz wie die wilde Wasserfrau Undine in der Novelle von de La Motte-Fouqué. Wenn mein Bruder und ich also grün und glitschig waren, dann hatten wir es von ihr.

Doch auch in diesem – sehr weltlichen – Haushalt wurde gesungen. Krischan dichtete lustige, bisweilen boshafte, oft elegische Gedichte, gern auf Plattdeutsch. Und wenn er gute Laune hatte, dann brach er in einen operettenartigen Singsang aus, während er durch das Bauernhaus streifte und allen, denen er begegnete, spontan eine Strophe an den Kopf sang: »Maid Mamimi, knalla balla«, und meine Mutter kicherte, als wäre sie fünf Jahre alt. »Inalein, mien lütsche Deern, du schass neemols anners weern.« Da war es dann an mir zu kichern, denn diese Strophe galt mir. Wenn er schlechte Laune hatte, gab es weder etwas zu singen noch zu kichern, da liefen wir ihm möglichst nicht vor die Füße, aber das ging leicht, in Krischans heidnischem Haus gab es verdammt viele teuflisch gute Verstecke.

Während die Familie meiner Mutter immer in ihrem Dorf, ja in ihrem Haus, gewohnt hat, so ist meine Familie väterlicherseits nicht nur über ganz Deutschland, sondern eigentlich über die ganze Welt zerstreut. Die meisten Geschwister meines Vaters sind in Afrika geboren, wo mein Großvater als Missionar arbeitete. Er hatte eine Missionarstochter geheiratet, die afrikaerfahrener war als er. Meine Großmutter Adelheid war im heutigen Tansania geboren und sprach als Kind »Afrikanisch«, ob es Suaheli oder eine der Bantusprachen war, konnte ich nicht in Erfahrung bringen. Als ihr Vater nach Ruanda umziehen musste, waren meine Großmutter und zwei ihrer zahlreichen Geschwister die ersten weißen Kinder, die der Tutsi-König Msinga je erblickt hatte. Zur Begrüßung schenkte er ihnen eine Kuh und ein Kalb, die der Familien-Karawane in das neue Zuhause folgten.

Adelheid heiratete später in Deutschland den Missionar Otto und ging mit ihm zurück nach Tansania. Otto war nicht nur fromm, sondern auch ein begeisterter Sänger. Die lauten Stimmen haben wir wohl von ihm. Ich weiß nicht, wie viele Afrikaner er taufte, aber ich weiß, dass er mehrere Chöre gegründet und Bücher über die Shambala geschrieben hat, eines davon über ihre Lieder.

Er hat die Texte der afrikanischen Lieder übersetzt und ihre Melodien notiert, klagt aber in seiner Einführung darüber, dass die europäische Notation den Liedern überhaupt nicht gerecht wird, weil sie die komplexen Rhythmen nicht wiedergeben kann.

Diese über mehrere Erdteile zerstreute Familie hat auch eine gemeinsame Heimat, in der sie sich trifft, und das ist nicht nur die Kirche, sind nicht nur die beschützenden Werke der Betheler Mission, sondern das sind und waren die Choräle von Johann Sebastian Bach und die Gesangbuchlieder von Paul Gerhardt, vor allem das Lied *Befiehl du deine Wege*. Mein Urgroßvater Ernst hatte früh beschlossen, nach Afrika zu gehen. Er freite um Martha, die er kaum kannte. Die Hochzeit der beiden fand, wie es Sitte war, im Hause der Braut statt. Als sich jedoch nach den Feierlichkeiten die Tür der Droschke hinter Martha und Ernst schloss, fing Martha an zu weinen. Ihr Ehemann war zunächst etwas hilflos, wahrscheinlich hatte auch er Angst. Schließlich sang er ihr ganz leise »Befiehl du deine Wege« ins Ohr, eine Strophe nach der anderen – das Lied hat zwölf Strophen, das dauert eine Weile. Singend gewannen die beiden etwas Zeit und den Mut, die erste Nacht ihres neuen Lebens in Angriff zu nehmen. Seither ist dieses Lied in unserer Familie eines, das man in der Abschiedsstunde singt.

Als Kind mochte ich dieses Lied besonders gern, weil sich in ihm eine geheime Botschaft versteckt: Setzt man jeweils die Anfangswörter jeder Strophe aneinander, so wird daraus ein Vers aus dem Psalm 37. Dies war das erste Akrostichon, das mir je begegnete, und bei jedem

Kirchgang schlug ich es im Gesangbuch auf, um während der Predigt die Anfangswörter aneinanderzureihen. Leider waren sie schon kursiv gedruckt, so konnte es jeder erkennen, und die geheime Botschaft war nicht so geheim, wie ich es mir gewünscht hätte.

In den Liedern von Paul Gerhardt trifft sich die ganze Familie, aber auch in kurzen Kanons wie *Dona nobis pacem* oder *Danket, danket dem Herrn* und *Alles ist eitel.* Mein kriegsdienstverweigernder Cousin singt sie einträchtig neben meinem Onkel, der früher General bei der Luftwaffe war. Ein anderer Cousin, von Beruf Clown, singt neben meinem Bruder im Hugo-Boss-Dreiteiler singt neben seiner Nichte mit den blauen Haaren singt neben ihrer Großtante, die kein Kurzzeitgedächtnis mehr hat, singt neben der Nichte, die Sängerin ist, singt neben dem Sohn von irgendwem, der gerade im Stimmbruch ist, und immer so weiter.

Doch Harmonie hat ihren Preis. Als ich als Kind um Gesangsunterricht bat, fanden meine Eltern das komisch und ein bisschen peinlich: Solistisch singen bedeutet, dass man sich in den Mittelpunkt stellt, dass man die Klappe aufreißt und Töne spuckt und dass die anderen leise sein müssen, während man selbst laut ist – all dies war in mehrfacher Hinsicht unerhört. Ich bekam stattdessen Klavierstunden.

Laut singen war vertretbar, solange man mit anderen zusammen sang, die ja auch laut singen konnten, wenn sie wollten. Und die meisten meiner Familienangehörigen wollten dies. Ob im Lautsingen der Wunsch nach

Gehörtwerden und damit solistischem Singen steckt, mag jeder für sich entscheiden. Mit Sicherheit haben aber die meisten von uns Freude daran, einen Raum bis zur Decke hinauf mit Klang zu füllen. Meine Tante Ruth teilt noch mit neunzig Jahren jeden Raum, der mehr als drei Leute beherbergt, in Kanongruppen ein, wobei sie beide Arme nach vorne streckt und mit einer großen Auf- und Abbewegung drei Stimmschneisen in die Menschenmenge schlägt. Nicht allein, dass sie diese zu knackigen Einsätzen bewegt, sondern am Ende gelingt es ihr sogar noch, alle zur selben Zeit mit kurzem Handzeichen abzuwinken. Dabei hebt sie mit einem Takt Vorlauf warnend die Hand (nicht zu früh, sonst brechen manche sofort panisch ab, einige werden leise, und wieder andere beginnen mit einem qualvoll sich hinschleppenden Schluss-Ritardando), um schließlich den mehrstimmigen Gesang flott und auf einem angenehmen Akkord nach Hause zu bringen.

Diese Familie hat einen Fundus an Liedern, und wo sie gesungen werden, entsteht eine temporäre Heimat, eine Insel wie die im Gedicht von Ingeborg Bachmann: »Herz, Anker und Kreuz« – Liebe, Hoffnung und Glaube sind nötig, damit dieser Ort entsteht. Sie ist sowohl im tiefen, tiefen See als auch in der Burg darüber, aber vor allem ist sie in jenem Glockengeläut, das – für eine kurze Zeit – überall zu hören ist, sogar unter Wasser.

Das Abendrot am Strand

Das Abendrot am Strand hinzieht,
Ergibt den Wellen sich mit Lust,
Da schwellet die beklemmte Brust
Der unbewußten Sehnsucht Lied,
So kühn gewaltig zwingt das Lied
Die Trauer der beklemmten Brust,
In Lebensmut erstrebt sie Lust,
In Liebesflut sie Wolken zieht,
Und weckt in der beklemmten Brust
Der hohen Freiheit kühnes Lied.
Sein voller Klang
Das Herz durchdrang,
Das Lied sich schwang
In Liebesdrang.
Zu ihm, zu dem ich hin verlang,
Dort über die Berge mit der Lerche,
Ihm nach der Hymne zu singen dem Volk,
Dem von seinen Lippen sie sollte erklingen.

Bettina von Arnim
1785–1859

Widerstand

Singen tröstet, beruhigt, gibt Mut und Zuversicht, stärkt die sozialen Bindungen unter den Singenden – und kann genau deshalb auch von einer Staatsmacht gut instrumentalisiert werden. In Deutschland ist Singen immer noch belastet. Kaum ein Regime hat so stark und so bewusst die positive Wirkung des Singens für sich und seine Zwecke genutzt und ausgenutzt wie das faschistische Regime der Nationalsozialisten: Böse Menschen haben eben doch Lieder. Das Perfide dabei ist, dass ihre Lieder oftmals gar nicht böse sind. Oder noch schlimmer, dass das Glücksgefühl beim Singen das Gehirn vernebelt und menschenverachtende Texte auf diese Weise viel leichter über die Lippen kommen als beim Sprechen. Doch wenn man es ein paar Mal gesungen hat, dann wird man es irgendwann auch denken und sagen können.

Ich weiß von keinem anderen Land, das ein so ambivalentes Verhältnis zum Singen seiner Nationalhymne hat. Dabei ist die Melodie aus dem zweiten Satz des *Kaiserquartetts* von Joseph Haydn wirklich besonders schön. Und besonders friedvoll – friedvoller jedenfalls als die schneidigen Soldatenmärsche vieler anderer Staaten. Ich finde es gut, dass sich die Bundesrepublik nach Ende des Zweiten Weltkriegs keine neue, unbelastete Hymne angeschafft hat. Dass wir nicht einfach singend so tun, als hätte es die Nazis nicht gegeben. Jedes Kind lernt in der Schule, dass es eine erste Strophe gibt, von der wir uns bewusst distanzieren. So entscheiden wir uns bei jedem Singen der Nationalhymne aufs Neue gegen den Nationalismus.

Singen tröstet, beruhigt, gibt Mut und Zuversicht, stärkt die sozialen Bindungen unter den Singenden – und genau deshalb eignet es sich auch besonders gut dafür, einer Staatsmacht die Stirn zu bieten. Jede Widerstandsbewegung hat ihre Lieder. *Die Gedanken sind frei* ist eines der schönsten und ältesten Widerstandslieder, es wird immer dann gesungen, wenn das Grundrecht der Meinungsfreiheit in Gefahr ist. Es gab Zeiten, in denen riskierte man in Deutschland beim Singen dieses Liedes sein Leben. Da der Text allen so geläufig ist, reicht es schon aus, nur die Melodie zu summen. Oder auf der Flöte zu spielen, wie es Sophie Scholl unter den Mauern des Gefängnisses tat, in dem ihr Vater wegen hitlerkritischer Äußerungen einsaß.

Während der Reformationsbewegung donnerte Martin Luther *Ein feste Burg ist unser Gott* nach Rom hinüber. Das kommunistische Arbeiterlied *Die Internationale* wies erst in Frankreich, später in Deutschland auf die sozialen Missstände der industrialisierten Gesellschaft hin. Die antifaschistischen Partisanen Italiens stimmten *Bella Ciao* an, die Häftlinge im Konzentrationslager Börgermoor sangen *Die Moorsoldaten*, und die von Afrika nach Amerika verschleppten Sklaven machten sich Mut mit dem Lied *We Shall Overcome.*

Bettina von Arnim ersehnt in ihrem Gedicht *Das Abendrot am Strand* ein Lied, in dem sich Freiheit und

Lebenslust ihre Bahn brechen können – für eine Frau im neunzehnten Jahrhundert nur schwer zu verwirklichen. Der deutsche Lyriker Günter Eich appelliert an unsere Zivilcourage, wenn er in einem seiner Radio-Hörspiele fordert: »… tut das Unnütze, singt die Lieder, die man aus eurem Mund nicht erwartet. Seid unbequem, seid Sand, nicht das Öl im Getriebe der Welt.«

Als ich für einige Jahre an einer Dubliner Universität lehrte, war ich zunächst erstaunt darüber, dass die sehr jungen Studierenden, selbst wenn sie in den Seminaren vor lauter Coolness kaum sprechen konnten, Hunderte von langstrophigen Volksliedern kannten und diese auch frei und mit unverhohlener Begeisterung öffentlich sangen. Sie erklärten mir, dass das Singen dieser Lieder immer ein politisches Instrument gewesen sei. Durch Gesang versuchten die Iren, ihre Kultur vor der englischen Kolonialmacht zu retten.

Da man über die Sprache immer am schnellsten die Identität eines Volkes verändern kann, wurde Irisch durch englische Schulgründungen rasch zur Sprache der ungebildeten Tölpel degradiert. Da die Hungersnöte den Großteil der irisch sprechenden Landbevölkerung in die Emigration getrieben hatte, wurde Irisch im neunzehnten Jahrhundert tatsächlich nur noch von kleinen Bauern, Fischern und fahrendem Volk gesprochen, also von Leuten, die zu arm waren, um das Land zu verlassen. In den Städten hört man Irisch inzwischen kaum noch, obwohl es die Amtssprache ist. Zwar lernen es die Kinder jetzt ab der ersten Klasse in der Schule, zwar werden bei Anstellungen im öffentlichen Dienst gute Irischkenntnisse verlangt, und es gibt auch einige irische Radio- und Fernsehsender. Doch außer in ein paar versprengten Gegenden im Westen der Insel, dem Gaelchtacht, bleibt Irisch trotz zweisprachiger Straßenschilder eine Fremdsprache.

Was hingegen *nicht* im Nachhinein künstlich wiederbelebt werden musste, waren die Volkslieder, die die ganze Zeit in den *public houses* des Landes gesungen wurden. Selbst wenn viele Lieder inzwischen in der Sprache der Kolonialherren gesungen werden, bleibt der Akt des Singens weiterhin ganz und gar irisch. Die archaischen, zum Teil noch pentatonischen Weisen sind sehr lebendig, vor allem wenn sie von sehr coolen jungen Leuten gesungen werden. Sie zeigen, damals wie heute, dass die Iren keine Engländer sind und niemals waren.

Ein aufrührerisches Lied ist subversiver als eine flammende Rede. Denn solange du singst, zeigst du den Mächtigen, dass sie dich noch nicht gebrochen haben, ja vielleicht machst du dich dabei sogar ein bisschen über sie lustig. Du pfeifst auf sie. Solange du singst, weinst du nicht. Solange du singst, hast du Spaß, bist im Kopf und im Herzen frei. Und das Wichtigste: Solange du singst, kannst du weithin gehört werden. Du bestimmst mit deinem Atem, welche Schallwellen durch die Luft fliegen.

Und wer gut singt, wer laut singt, wer besonders ausdrucksvoll singt, der gewinnt Macht über die Mächtigen. Ordnungen und Hierarchien werden durch Gesang unterwandert, kehren sich sogar um: Denn singend vermag der Gefangene seinen Häscher zu *ergreifen*.

XXVIII

Liebste, singe nicht davon,
Dass Liebe viel zu rasch verweht.
Sei nicht traurig, sing davon,
Dass sie genügt, auch wenn sie geht.
Sing von Liebenden im Todesschlaf,
Mit ihnen wird die Liebe auch bestattet.
Und so fällt jede Liebe in den Schlaf,
Denn Liebe selbst ist so ermattet.

James Joyce
1882–1941

Joyce

Wahrscheinlich haben die meisten Schriftstellerinnen und Schriftsteller ein besonderes Verhältnis zum Singen, Romane sind Partituren nicht unähnlich: Es gibt eine oder mehrere Stimmen und Stimmungen, Sätze und Pausen, unterschiedliche Tempi und Lautstärken, Dialoge, Leitmotive, Emotionen, Spannung. Bei Goethe und Eichendorff gewähren die in den Romanen gesungenen Lieder Einblicke in die singenden Personen, und in Salman Rushdies Orpheus-Eurydike-Roman *Der Boden un-*

ter ihren Füßen sind gleich zwei Männer einer singenden Diva verfallen.

Das Singen ist aber nicht nur Thema von Geschichten oder Teil ihrer Handlung, sondern Literatur ist selbst Gesang. Bei der Lyrik ist es am offensichtlichsten, dort haben wir Strophen und Verse, und im Wort Lyrik steckt die Lyra, die Leier, mit der sich die Dichter einst selbst begleiteten. Heinrich Heine nennt seine Gedichte »Lieder«, und viele von ihnen lassen sich tatsächlich wunderbar singen.

Doch auch die Epik, Vorläufer der Prosa, wurde einst gesungen. So ist das mittelhochdeutsche *Nibelungenlied* genau das: ein Lied. Und schon in seiner Einleitung aus dem dreizehnten Jahrhundert ist gleich vom »Hören« und »Sagen« die Rede:

Uns ist in alten mæren wunders vil geseit
von helden lobebæren, von grôzer arebeit,
von fröuden, hôchgezîten, von weinen und von klagen,
von küener recken strîten muget ir nû wunder
hœren sagen.

(Uns wird in alten Erzählungen viel Wunderbares berichtet, von berühmten Helden, großer Mühsal, von glücklichen Tagen und Festen, von Tränen und Klagen und vom Kampf tapferer Recken könnt Ihr jetzt Erstaunliches erfahren.)

Das Lied beginnt, alle Zuhörenden werden schon einmal von ein paar saftigen Einleitungshäppchen angelockt, für jeden ist etwas dabei, alle können es sich nun bequem machen und die Ohren spitzen.

Das althochdeutsche *Hildebrandslied* ist sogar schon aus dem neunten Jahrhundert, und auch dieses Epos beginnt in der ersten Zeile mit dem Hören und Sagen: »Ik gihorta dat seggen …«, ich hörte sagen. Das Lesen war nur den kleinen Oberschichten vorbehalten, und die wenigen Bücher waren sowieso nur religiösen oder philosophischen Inhalts und darüber hinaus noch auf Latein. Unterhaltsame Geschichten wurden über die Stimme vermittelt, Unterhaltung bedeutet, dass Menschen miteinander sprechen. Damit sich der Erzählende die Geschichte, vor allem wenn sie lang und kompliziert war, auch merken konnte, musste sie möglichst eine Liedform haben: Reime und Strophen sind vor allem Mnemotechniken, Gedächtnisstützen, Eselsbrücken. Und wenn man noch eine eingängige Melodie dazu anstimmen kann, umso besser für alle.

Ohnehin ist sich die Forschung nicht darüber einig, ob nicht das Sprechen überhaupt erst *nach* dem Singen entstanden ist. Ich glaube nicht, dass man das je abschließend in Erfahrung bringen kann, aber für mich erscheint es plausibel, dass Sprechen die intellektuellere, abstraktere Ausdrucksform ist und deshalb jünger sein könnte. Singen geht nur mit Gefühl und hat immer etwas Traumwandlerisches. So können Stotterer ohne Schwierigkeiten komplizierte Texte singen. Kinder mit starken geistigen Einschränkungen lernen singend sprechen. Und Demente singen Lieder mit vielen Strophen, lange nachdem sie das Sprechen vergessen haben.

Eine traumwandelnde und zugleich zutiefst rationale Figur ist Odysseus, Held der *Odyssee.* Da ist er wieder. Sein Schicksal ist eng mit dem Gesang verknüpft. Denn Homer, der das Epos irgendwann zwischen dem achten und siebten Jahrhundert vor Christus verfasste, unterteilte es nicht nur in vierundzwanzig Gesänge, sondern bittet auch im ersten Vers die Muse, sie möge mit dem Dichter sprechen. So kann der Erzählende hören, was die Muse sagt, und es danach in Gesang umwandeln, den wiederum die Umstehenden hören können und davon beglückt werden.

Der irische Schriftsteller James Joyce, der Homer schon in der Schule gelesen hatte, veröffentlichte 1922 einen Roman, der sich ausdrücklich auf die *Odyssee* bezieht: *Ulysses.* Er besteht aus achtzehn Kapiteln und spielt an einem einzigen Tag, dem 16. Juni 1904, in Dublin.

Ich habe den Roman 1989 in meinem dritten Londoner Trimester zum ersten Mal gelesen und habe seitdem eigentlich nie mehr aufgehört. Auch wenn es wenig gibt, was in diesem Roman *nicht* vorkommt, so wird selbst bei der oberflächlichsten Lektüre sofort klar, dass der Gesang eine wirklich große Rolle spielt.

Der Roman hat zwei Protagonisten, Leopold Bloom und Stephen Dedalus, die sich unabhängig voneinander an diesem Tag durch die Stadt bewegen und ein paar Mal über den Weg laufen, wie sich eigentlich alle ein paar Mal über den Weg laufen in diesem Buch, das lustigerweise immer noch unter dem Begriff »Großstadtroman« gehandelt wird. Tatsächlich scheint Dublin im Jahre 1904 eher ein Dorf gewesen zu sein: Jeder kennt jeden, jeder grüßt jeden, alle halten kleine Schwätzchen im Vorbeigehen, jeder weiß etwas über jeden und tratscht ein bisschen mit dem Nächsten über den davor. Vor allem die Dubliner Männer. Aber es wird nicht nur getratscht und geschwatzt, gezankt und gelästert. In diesem modernen Roman wird auch ständig gesungen oder über Lieder und Gesang diskutiert und nachgedacht. All die Arien, Volkslieder, Music Hall Songs, die Kirchenlieder, die Operetten-Schmachtfetzen, die Gassenhauer, nationalistischen Lieder, die Trinklieder, die Gedichtvertonungen, die deutschen, italienischen und französischen Chansons, die Kinderlieder, die anzüglichen Lieder, die Shantys, die liturgischen Gesänge und noch viele mehr, die in diesem Roman angesungen, angedeutet, erwähnt und gehört werden, würden schon reichen, um alle vorkommenden Personen über ihren Musikgeschmack zu definieren.

Im sogenannten »Sirenenkapitel« singt einer der Gäste eine ganze Arie, und durch die Gedankenströme des einen Protagonisten Leopold Bloom fließen ununterbrochen Gesangsfetzen, Textzitate, Melodien. Der andere Protagonist, Stephen Dedalus, fängt ganz am Ende in Blooms Küche an zu singen, verstörend antisemitisch (Bloom ist Jude) und überraschend wohltönend. Den ganzen Tag dringen Lieder von Pubs auf die Straße und von den Straßen in den Pub. In einer Geburtsklinik sammelt sich aus nicht ganz nachvollziehbaren Gründen eine Horde trinkender Männer, die schlüpfrige Witze reißen und in Saufgesänge ausbrechen.

Der Roman *Ulysses* gilt vor allem wegen seiner experimentellen Sprache als wichtigster Roman der klassischen Moderne, aber modern ist auch, dass Leopolds Ehefrau Molly Bloom von Beruf Sängerin ist. Sie ist unabhängig und sexuell aktiv, was für ihren Mann insofern problematisch ist, als sie ihn mit ihrem Manager betrügt. Bloom trifft im Lauf des Tages natürlich auch mehrmals auf diesen Manager und bekämpft seine Unruhe, indem er Fetzen eines bestimmten Lieds vor sich hin denkt und summt.

Der Roman vibriert von Gesang, Stimmen und Echos, Anspielungen und Liedzitaten, Erinnerungen an Sängerinnen und Sänger, von Reflexionen über den Einfluss von Alkohol oder Sahnesuppe auf die Singstimme, und am Ende beschließt Stephen, bei Molly Bloom Gesangsunterricht zu nehmen.

Ulysses ist also eher ein Gesangsroman als ein Großstadtroman, vielleicht auch, weil James Joyce selbst ein guter Sänger war. Er hatte einen hohen, recht beweglichen Tenor, nicht unbedingt groß und stark, eher zart und silbrig. Ja, ich habe bei seinen Gedichten oft den Eindruck, dass sie seiner Singstimme viel mehr ähnelten als seine komplexe, volle und überbordende Prosa. Das im Original fast ausschließlich aus einsilbigen Wörtern bestehende, verführerisch-liebesmüde Gedicht *XXVIII* scheint selbst genau das Lied zu sein, das er der Geliebten ausreden möchte.

Gern begleitete sich Joyce auf der Gitarre. Seine Frau Nora, die seine späteren Bücher nicht las, fand immer, er hätte lieber Sänger werden sollen als Schriftsteller. Als Tenor hätte er bestimmt mehr Erfolg gehabt. Sagt Nora. Für sie wäre es angenehmer gewesen, wenn er ein Music-

Hall-Star geworden wäre und sie nicht ständig über das Geld hätte nachdenken müssen, das sie nicht hatten.

Ein paar Jahre bevor der Euro eingeführt wurde, druckte Irland neue Irische-Pfund-Noten. Obwohl James Joyce im Alter von zweiundzwanzig Jahren aus dem engen, provinziellen, katholischen Irland fort und in ein freiwilliges Exil ins Ausland ging, obwohl *Ulysses* erst vierzig Jahre nach seinem Erscheinen in Irland erhältlich war, schaffte Joyce es schließlich doch noch: Man druckte sein Porträt auf die irische Zehn-Pfund-Note. Gewiss, das war die zweitkleinste, aber immerhin.

Ein irischer Freund nahm den Geldschein in die Hand und betrachtete lange das – ungewohnt mild lächelnde – Konterfei des Schriftstellers. Daraufhin nickte er versonnen und sagte: »So at last he did become a tenner.« Ich brauchte einen Moment, bis ich begriff, dass das Wort für Zehner, »tenner«, im Englischen immer auch ein »tenor« ist. Ich weiß nicht, ob die Leute aus der irischen Zentralbank das ebenfalls begriffen hatten, bevor sie diesen Tenor ausgerechnet auf die Zehn-Pfund-Note setzten, aber ich möchte es unbedingt glauben.

Verbeugungen vor der Luft

Hier, in diesem Luftraum, in dem die Atemwolken
aufrecht gehen
hier zwischen dem Ungesehenen, das sich sichtbar machen
will
zwischen Einatmen und Ausatmen unwillkürlich
hier, wo ein auf Sicherheit bedachter Schlittschuhläufer
einen metallenen Einkaufswagen auf den Teich schob
der stehenblieb mittendrin in klirrender Einsamkeit
und nicht sank (wohin ist der Schlittschuhläufer geglitten?)
hier, wo am Rand der Insel hochrangige Enten
ihre Hälse vorstrecken wie frisch promoviert
hier, wo ein Hauch von Luft in feine Scheiben geschnitten
kaum den Tag übersteht und im Nachtdunkel verfliegt
luftpostleicht, vogelhaft, ja verräterisch leicht
in Länder, aus denen Leute kommen mit prall buntem
Gepäck
Gesichter von der Anstrengung, etwas erlebt zu haben,
gerötet
Briefmarkenrollen hinter sich herziehend und zahm
angeleinte Koffer, Polaroidphotos verblassen packenweise
wo der verehrte Herr Federn ließ, Luftikus, Luftikus
guckt in die Luft, gibt eine Hand
schlaganfällig, aber doch altersmutig
er läßt sich einen Wind um die Nase wehen, der nicht
weht.

Niemand kam, niemand ging, den Einkaufswagen zu
holen
übers grau geritzte Eis, auf dem auch Tüten lagen
von schnell Essenden, das Leben Verdauenden, die ich sah
und beschrieb, hier, jetzt verletzend schnell.
Luft war da in großen, weichen Lappen.
Geordnete Spaziergänger-Ödnis am Nachmittag
wo die Wörter sich klamm erkältet aneinanderschmiegen
(eines sucht das andere in Ermangelung eines anderen
anderen).
Seiltänzer sind die natürlichen Feinde der
Fliegenbeinzähler
die sich auch ein Bein brechen – beim Treppensturz oder
auf Eis
egal. Höhere Einkommen, weniger Nachkommen
doziert der Bevölkerungswissenschaftler. Gratuliere.
Die Stimme des Windes (ein Allegro con brio) fällt flach.
Männlich ist der Wind in vielen bekannten Sprachen
und die Luft aria, aria, Ariel
bestreicht das weibliche Geschlecht.

Einer, für dessen Ohr der Wind bläst …
in dieser Ausschließlichkeit vom Leder gezogen, gelogen.
Jetzt im Luftarmen ist es leicht, aufrecht zu gehen.
Kritiker an Gott und der Welt werden zugeben:
kein Stoßen an Wolkenbänke, Luftsäulen, die plötzlich
umfallen
kein Verschwimmen im milchigen Bodennebel der Wiesen.

An der Böschung Froschaugen
blank erstaunt ob dieser, ob jeglicher Veränderung.
Wäre die Luft nur Larifari, ein Stoff, um Atemlust zu
 erzeugen
Brennmaterial für das Feuer und die Pflanzen
zu unstofflich für eine Elegie vor dem Auge der Zeit:
sie entwiche hier mit einem sanften Zischen.
Tiefhängende Wolken haben keinen Geruch
wie Luft, die zum Schneiden ist unter dem Horizont.
Von Ameisen ist nichts zu lernen
wie von abgelegten Geliebten, einer Mondfinsternis, leider
alles muß bedacht werden, der fliegende Wechsel
der Entenpaare und Bläßhühner: würgende
 Brotrestepickerei
wie man Blätter umdreht, ihre Chlorophyll-Adern benetzt
die schilpenden Schimpfkanonaden im Park
Elstern, beredte Finkenfeinde
Planeten sammeln sich und werfen Gesteinsbrocken ab.
Modrig ist der Teich, der aus dem Blickwinkel rückt
langsam wie geschoben, doch leis knirschend vor
 Anstrengung.
Vögel sind die Ornamente der Luft.

Ursula Krechel

*1947

Atem I

Die Masse an Literatur zum Atmen ist erstickend. »Aria, aria, Ariel« ruft das lyrische Ich in Ursula Krechels *Verbeugungen vor der Luft* – einem Gedicht, das so voll und dicht ist, dass man beim lauten Lesen ganz aus der Puste kommt. Aber Verbeugungen sind gut, wenn man aus der Puste ist: Das Zwerchfell muss ausgepresst werden, um Seitenstechen entgegenzuwirken. Deshalb lasse ich erst noch einmal Goethe zu Wort kommen, in dessen Gedicht Paarreime wie Atemzüge ruhig untereinanderstehen:

> Im Atemholen sind zweierlei Gnaden:
> Die Luft einziehen, sich ihrer entladen;
> jenes bedrängt, dieses erfrischt;
> so wunderbar ist das Leben gemischt.
> Du danke Gott, wenn er dich preßt,
> und dank ihm, wenn er dich wieder entläßt!

Dieses, nun ja, »duale Prinzip« von Systole und Diastole, das Goethe im *West-Östlichen Divan* besingt, machte der Schweizer Violinist Erich Wilk zur Grundlage einer Theorie über unterschiedliche Atemtypen, die er solar und lunar nannte. Er entwickelte für beide Atemtypen körperliche Übungen, die auch in dem Sanatorium angewandt wurden, in dem meine Großtante Charlotte Hagena wegen einer Herzinsuffizienz behandelt wurde.

Charlotte Hagena war eine Kinderärztin, 1909 geboren. Sie hatte keine leichte Jugend, ihre Mutter starb früh, und bald schon kümmerte sie sich um den Pastorenhaushalt ihres Vaters, obwohl sie als siebtes von zehn Kindern noch viel zu jung dafür war. Doch ihre älteren Schwestern heirateten bald, und die männlichen Familienmitglieder fühlten sich offenbar alle außerstande, diese Verantwortung zu übernehmen. Sie arbeitete hart und diszipliniert, wurde Krankenschwester, musste an die Front, kam zurück, gewann ein Stipendium für ein Medizinstudium und arbeitete danach als Assistenzärztin an einem Lübecker Krankenhaus – ohne dass sie dafür bezahlt wurde. Dagegen klagte sie und gewann. Die Stadt Lübeck musste ihr Gehalt nachzahlen, und so konnte sie eine eigene Praxis eröffnen. Später betreute sie auch noch zusätzlich drei Kinderheime.

In den Fünfzigerjahren bekam sie besagte Herzschwäche und ging kurzentschlossen nach Bad Pyrmont auf Kur, wo sie die Übungen Wilks trainierte. Sie war begeistert davon, wie gut sie ihr taten, sie hielt sich streng an alles und wurde vollkommen gesund. Wilks Entdeckung gab ihr endlich Antworten auf Fragen, die sie sich schon oft gestellt hatte: Warum helfen verschiedenen Menschen ganz verschiedene Therapien? Warum werden manche krank von dem, was anderen hilft? Es lag, so Wilk, einzig am Atem.

Meiner Großtante halfen die Übungen, die sie machen musste, jedenfalls, und wieder zu Hause, überlegte sie sich, wie sie auch anderen die Heilkraft des Atmens und der Übungen zukommen lassen konnte. Sie lud Wilk zu sich in die Praxis ein, und bald begann eine mehrere Jahre andauernde Zusammenarbeit, in der Charlotte Hagena und Erich Wilk Konzepte für weitere Übungen, Essenspläne, Schlafgewohnheiten, Sitzhaltungsverbesserungen und vieles mehr ausarbeiteten. Meine Großtante fand den Namen »Terlusollogie« dafür, also die Lehre von der Erde (»terra«) als Zentrum und dem Mond (»luna«) und der Sonne (»solis«), die ihren Einfluss auf das Atemzentrum im Augenblick der Geburt geltend machen.

Nach dieser Lehre gibt es zwei Atemtypen, die Einatmer und die Ausatmer. Die Einatmer sind lunar und die Ausatmer solar. Beide Typen haben unterschiedliche Bedürfnisse, Empfindungsweisen, Lebensrhythmen und -gewohnheiten und brauchen daher unterschiedliche Übungen, Ernährung, Schlafzeiten, Haltungen und Techniken beim Musizieren und Singen.

So müssen die Einatmer ihre Luft rasch einsaugen und dann singend das Brustbein nach oben heben, wobei sie in eine leichte Rückbeuge kommen.

Bei den Ausatmern ist es genau umgekehrt, sie atmen bewusst ein, aber beim Singen holen sie sich ihre Reserven aus dem unteren Teil des Zwerchfells, wodurch ihre Körper in eine leichte Vorlage kippen.

Für Einatmer ist es mühsam mit Noten zu singen, weil sie sie so hoch halten müssen, da haben es die nach unten schauenden Ausatmer einfacher. Wer beim Chor seine Noten vergessen hat, stelle sich also besser neben denselben Atemtyp, sonst wird es schwierig, das habe ich schon ausprobiert. Da die meisten Gesangstechniken für

Ausatmer sind, ist es für lunare Sängerinnen und Sänger bisweilen eine Offenbarung, wenn jemand kommt und ihnen sagt, dass sie auch anders singen dürfen.

Wer Tante Lotti, wie sie in der Familie genannt wurde, kannte, weiß, dass sie das Gegenteil eines esoterischen Proto-Hippies war. Sie war eine kleine, kernige Person, furchtlos, wach und energiegeladen. Für Spinnereien hatte sie keine Zeit. Da sie eine immer schon berufstätige, immer schon alleinerziehende Mutter war, wusste sie ohnehin sehr genau, wofür sie Zeit hatte.

Für moderne Lyrik, wie zum Beispiel die von Krechel, hatte sie im Übrigen keine, fand, dass nach Eichendorff nicht mehr so viel Bedeutsames geschrieben worden wäre. Als ich ihr – damals studierte ich im zweiten Semester Germanistik – äußerst aufgebracht widersprach, hörte sie mir freundlich zu und sagte schließlich: »Na gut, ich muss mich wohl doch noch einmal damit beschäftigen, vielleicht kannst du es mir ja erklären.« Ich schrieb ihr also einen Brief, in dem ich lang und breit ein modernes Gedicht interpretierte, ich glaube, es war eines von Peter Huchel. Sie schrieb mir nie zurück, aber viele Jahre später sagte sie mir, dass sie das Gedicht zwar immer noch nicht verstanden habe, aber sie habe auf jeden Fall verstanden, dass man es verstehen *könne*, und das würde sie respektieren.

Ich will damit sagen, dass sich diese kritische Ärztin sicher nicht von irgendeinem Sonnemondundsterne-Eiapopeia hätte einlullen lassen. Trotzdem war die Familie skeptisch. Wenn der Prophet schon im eigenen Lande nichts gilt, dann ist er in seiner Familie wahrscheinlich ein Freak. Mein Vater, der Naturwissenschaftler, bewunderte die Energie und den beruflichen Erfolg seiner Tante, aber dass er seinen Atemtyp anhand des Jahres, Tages und der Stunde seiner Geburt ausrechnen konnte, um dann Ernährung und Schlafrhythmus und sein ganzes sonstiges Sein danach auszurichten, befremdete ihn. Da er aber niemals etwas Abfälliges über Tante Lotti gesagt hätte, wusste ich von ihren Forschungen und Lehren lange Zeit gar nichts. Erst als die eine oder andere Verwandte meine Großtante um Rat fragte, weil ein Cousin nicht gut schlief oder eine Cousine Rückenschmerzen hatte, erfuhr ich, womit sie sich über Pädiatrie hinaus noch befasste.

Später stieg ihr Sohn Christian Hagena mit in die Forschung ein und baute sie noch weiter aus. Herr Wilk konnte leider die stetig wachsende Akzeptanz seiner Atemlehre nicht mehr miterleben, aber Charlotte Hagena gab bis ins hohe Alter Seminare und Kurse. Unter Musikerinnen und Musikern, insbesondere Sängerinnen und Sängern, ist die Terlusollogie mittlerweile ganz gut etabliert. Einige Sängerinnen und Stimmbildnerinnen haben eigene Bücher herausgebracht, in denen sie die Theorien von Wilk und Hagena für ihre spezifischen Arbeitsfelder verfeinert haben.

Tante Lotti selbst war lunar, gehörte also zu den Einatmern, von denen sie verlangte, sie sollten lange schlafen, fettes Fleisch essen und ihrem Bewegungsdrang durch flottes Gehen mit kurzen, raschen Schritten in leichter Vorbeuge Folge leisten. Wenn mir meine kleine, energische Großtante mit ihren kurzen, raschen Schritten und ihrem leicht nach vorne geneigten Körper von Weitem entgegenkam, konnte ich nicht umhin, mich ketzerisch zu fragen, ob sie die Lunaren nicht einfach nach ihrem eigenen Bilde schuf. Andererseits: Wäre es so schlimm, wenn es mehr Menschen gäbe wie meine Großtante Lotti? Sie heilte viele Kinder, erzog ganz allein meinen Onkel zu einem guten Menschen und hielt sich ihr Leben lang streng an ihre eigenen Lehren. Als sie starb, war sie hundertundsieben Jahre alt.

Fadensonnen

über der grauschwarzen Ödnis.
Ein baum-
hoher Gedanke
greift sich den Lichtton: es sind
noch Lieder zu singen jenseits
der Menschen.

Paul Celan
1920–1970

Atem II

Das Erste, was mir meine wundervolle Gesangslehrerin und Atemtherapeutin Frau Rottmann mit auf den Weg gab, war, dass Goethe irrte: Im Atemholen sind nicht zwei-, sondern dreierlei Gnaden. An die Lehre meiner Tante Lotti glaubt Frau Rottmann nicht, hat aber auch nichts gegen sie. Sie glaubt an keine Lehre hundertprozentig, ist eklektizistisch, anthroposophisch, aber nicht zu sehr, antidogmatisch, frei. Eigentlich lehrt sie Atmen und Sprechen nach der Methode von Clara Schlaffhorst und Hedwig Andersen, zwei Musikerinnen, die gemeinsam, nachdem sie ihre Stimm- und Lungenprobleme durch Atemübungen in den Griff bekommen hatten, die erste deutsche Atemtherapie etablierten. Schlaffhorst und Andersen stammen aus der Reformbewegung der Jahrhundertwende, und Frau Rottmann beruft sich auf sie, aber eigentlich hat sie längst eine eigene Methode entwickelt, die sich auf ihre lange, lange Erfahrung gründet und aus ihrer Liebe zum freien Atemstrom speist, ja zur Freiheit überhaupt.

Ich ging vor vielen Jahren zu ihr, weil ich unter chronischer Mandelentzündung litt. Seitdem habe ich keine mehr gehabt. Einige Monate lang atmete ich bei ihr auf verschiedene und erstaunliche Weisen aus und ein und machte dazwischen höchstens ein paar seltsame Töne, aber irgendwann setzte sich Frau Rottmann ans Klavier, und seitdem habe ich Gesangsstunden. Frau Rottmann benutzt schöne, altmodische Worte und Bilder, die mir auf wundersame Weise einleuchten und helfen. Ich lerne, meine Töne besser »zu gründen«, »wie eine Perlenschnur aufzureihen«, »von oben in einen Schacht fallen« zu lassen, »in den Nacken hinein« zu singen oder gar »einzusaugen«. Nicht immer kann ich alles umsetzen, aber bisweilen gibt es Tage, an denen das eine oder andere glückt. Dann ruft Frau Rottmann: »Jetzt singen Sie!« Und manchmal, wenn ich tatsächlich singe, gar nicht laut, mit konzentrierten Tönen darin, die sich irgendwie angereichert und fast heilsam anfühlen, dann nickt sie und sagt, ich sänge heute mit »Herzkraft«. Das ist immer das Schönste.

Doch bei Goethes Atemgedicht aus dem *West-Östlichen Divan* ist Frau Rottmann streng. Denn der Atem besteht eben nicht nur aus Einatmen und Ausatmen.

Nein, es gibt noch jenen bedeutsamen Moment nach dem Ausatmen, kurz bevor wir nicht mehr anders können, als wieder Luft zu holen. In diesem Augenblick ist alles still, aber es wird auch nicht der Atem angehalten.

Gar nichts wird gehalten.

Alles hält sich selbst.

Aber wenn man Goethes Atem-Gedicht genau liest, dann wird klar, dass das Werk klüger ist als sein Autor: Nach jedem Paarreim kommt ein Punkt, ein Semikolon oder ein Ausrufezeichen, sprich eine Pause, ein Stillstand, ein kurzes Verweilen. Frau Rottmann nennt diesen Punkt das »Stühlchen«, auf das ich mich ruhig setzen soll, bevor die nächste Einatmung von allein kommt. Das Stühlchen ist stimmlos. »The rest is silence«, heißt es am Ende von *Hamlet*, und das englische »rest« ist nicht nur der Rest, sondern auch die Rast und musikalische Pause. Die beiden letzten Bedeutungen sind das Wesen des Singens. Auf dem Stühlchen rastend schweigen wir. Das Stühlchen ist die Ruhepause. Singend können wir es nach hinten schieben, aber irgendwann müssen wir uns davon erheben und einatmen, sonst kommt der Tod. Ja, es scheint, als habe sich der Tod diesen Platz schon vorgemerkt: Niemand stirbt einatmend. Wir hauchen unser Leben aus, und dann kommt dieser Umschlagpunkt, nur dieses eine Mal dauert er unendlich an.

Atemwende heißt ein späterer Gedichtband von Paul Celan, in dem sich das Schweigen schon tief in die Sprache hineingefressen hat. Die Gedichte aus jenem Band – auch *Fadensonnen* findet sich darin – scheinen genau an dem Punkt angesiedelt zu sein, an dem das Ausatmen doch noch einmal umkehrt, um wieder Luft zu holen, weiterzuleben, weiterzusingen. Und so lassen Pausen und Luftholen ein Gedicht oder ein Lied selbst zu atmenden Wesen werden.

Die Sternenreuse

Daß du noch schwebst, uralter Mond?
Als jung noch deine Scheibe schwebte,
hab ich an einem Fluß gewohnt,
wo nur das Wasser mit mir lebte.
Das Wasser schwoll, es war Gesang,
ich schöpfte und mein Atem lauschte,
wie es um Steine tönend sprang
und schäumend schoß und niederrauschte.

Zwei Felsen, wie bestäubt von Ruß
und steil und schmal wie eine Schleuse,
umstanden damals noch den Fluß.
Im Wasser hing die Sternenreuse.
Ich hob die Reuse aus dem Spalt,
es flimmerten kristallne Räume,
es schwamm der Algen grüner Wald,
ich fischte Gold und flößte Träume.

O Schlucht der Welt, des Wassers Schwall
kam wie Gesang: war es mein Leben?
Damals sah ich im dunkeln All
ganz nah die Sternenreuse schweben.

Peter Huchel
1903–1981

Atem III

Als ich mir einmal die Stimme gebrochen hatte und sie auch nach Monaten nicht heilen wollte, ging ich zu einem Stimmbildner nach Malaga. Es stellte sich heraus, dass er mit der Atemlehre meiner Tante Lotti arbeitete. Das war eine belustigende und zugleich berührende Erfahrung: Ich war so weit gereist, um am Ende doch wieder bei meiner singenden Familie zu landen.

Und es scheint, als wäre ich lunar – genau wie Tante Lotti. Jener uralte Mond aus Peter Huchels Gedicht *Die Sternenreuse* bestimmt auch meinen Atem und Gesang – und das, obwohl meine Schritte lang sind, mein Körper beim Gehen aufrecht ist und ich niemals lange schlafe.

Doch seit ich es weiß und danach singe, bilde ich mir ein, alles flösse und ströme ein wenig leichter, und manchmal erscheint es mir sogar, dass »mein Atem lauschte«. Doch vielleicht ist das auch nur eine Mondtäuschung.

Die einsame Schnitterin

Sieh dort, allein auf weitem Feld,
jene junge Highland-Frau.
Sie erntet, und sie singt für sich,
geh weiter oder schau!
Sie schneidet Ähren, bindet sie,
singt eine traurige Melodie.
Horch! Im tiefen Tal erklingt
ihr Ton, der alles ganz durchdringt.

Nie sang die Nachtigall so fein
für Reisende im fernen Land
bei ihrer Rast im Schattenhain
in Arabiens Sand:
Ergreifender sang nie zuvor
ein ganzer Frühlingskuckuckschor,
ihre Stimme bricht den Frieden
des Meers der äußersten Hebriden.

Erzähl mir, wovon mag sie singen?
Vielleicht ergießen sich die Klagen
über Dinge, die vergingen,
Kämpfe aus ganz frühen Tagen?
Oder ist's ein schlichtes Lied
über alles, was sie sieht?
Schmerz und Kummer? Eine Not,
die mal verschwindet, manchmal droht?

Worüber auch das Mädchen sang,
als könnte ihr Gesang nicht enden,
so sang sie, schnitt und schnitt und sang,
die Sichel in den Händen.
Ich lauschte regungslos und schwieg;
und als ich auf den Hügel stieg,
hört ich ihr Lied im Herzen an,
längst als es keiner mehr vernahm.

William Wordsworth
1770–1850

Draußen

In der Natur zu singen macht Freude. Es klingt zwar nicht so gut wie unter der Dusche, aber das Herz kann einem draußen besonders weit aufgehen, genau wie jener Schnitterin in Wordsworths Gedicht, und vor allem geht es dem Hörenden auf. Ja, so weit geht ihm das Herz auf, dass es sich von Arabien bis in die Hebriden dehnt. Denn das ist, was Gesang vermag: Sogar nach dem Verklingen des letzten Tons klingt es im Herzen des Hörenden weiter und wird dort selbst zu einem Gedicht und damit einem neuen Lied und immer so weiter.

In meiner Kindheit sangen wir viele Wanderlieder, was daran gelegen haben mag, dass wir, um in der Pfalz, dem Schwarzwald oder im Elsass wandern zu gehen, immer erst ein Stück mit dem Auto fahren mussten. Und je höher wir fuhren, desto mehr Kurven gab es, desto schlechter wurde uns, desto mehr mussten wir singen. Ich glaube, die meisten Wanderlieder habe ich im Auto gesungen und nicht auf unseren Wanderungen. Kann sein, dass wir doch manchmal beim Wandern gesungen haben, aber vielleicht nur, wenn mein Bruder und ich keine Lust mehr hatten weiterzugehen. Denn das ist auch etwas, das Liedersingen bewirkt: Müdigkeit und Unwillen überwinden, indem ein Rhythmus vorgegeben wird, nach dem man – leicht ferngesteuert – weiterlatscht. Soldaten machen sich diesen Trick schon seit

Menschengedenken zunutze, und unsere Eltern kannten ihn auch. Manchmal ist das Gehen zuerst da, und aus dem Takt der Beine ergibt sich dann das Lied, das man auf der ganzen Strecke nicht mehr loswird.

Bisweilen allerdings sammeln sich Leute draußen und singen, ohne sich dabei fortzubewegen. Das geschieht zum Beispiel beim Dünensingen auf Spiekeroog. Seit über fünfzig Jahren leitet der Bremer Lehrer Eckart Strate auf der ostfriesischen Insel ein offenes Singen für alle, die Lust dazu haben. In den Sommermonaten sogar viermal die Woche. Das Singen findet, wir ahnten es bereits, in einer Düne statt. Auch dies ist Teil seines Reizes: In den Dünen zu sitzen ist verboten, aber singend und mit Eckart Strate nicht.

Es ist schön, auf einem nach Gräsern, Moosen und Sand duftenden Hügel zu sitzen, ein wenig windgeschützt, aber nicht zu sehr, über einem ziehen die Wolken, während um einen herum die Austernfischer mit einer Gruppe Badegäste um die Wette singen. Im Laufe der Jahrzehnte hat sich herausgestellt, dass Kanons am meisten Spaß machen: Man kann mehrstimmig singen, ohne dass sich unterschiedliche Stimmen unterschiedliche Melodien aneignen müssten. Man kann es unendlich lang singen. Und man kann die Gruppierungen nach unendlich vielen Kriterien vornehmen. Alter, Wohnort, T-Shirt-Farbe, Sonnenbrillen, Haustiere, Anzahl der Geschwister, es ist grenzenlos.

Die Lieder, die wir beim Dünensingen lernen, hört man dann wochenlang überall auf der Insel als feines Summen auf dem Weg zum Strand, in der Schlange vor dem Bäcker, aus den offenen Fenstern fremder Häuser und sogar aus den Kabinen des Toilettenhäuschens.

Im Regen wird die Düne zu rutschig, zu matschig und zu kalt, und wir müssen hineingehen, aber eigentlich singt es sich auch im Regen gut. Im Regen singen die Vögel am schönsten, behauptet Sarah Kirsch, und Gene Kelly intoniert »I'm singing in the rain«, wobei man hören kann, dass er nicht trotz, sondern wegen des Regens so ausgelassen singt und tanzt. Außer Regenliedern gibt es noch Sonnenlieder, Sommer-, Herbst- und Winterlieder und besonders viele Mailieder. Es gibt Berglieder, Meerlieder, Gartenlieder, Feld-, Wald-, und Wiesenlieder, Flusslieder, Seenlieder und Baumlieder. Es gibt Wolkenlieder, Mondlieder, Sternenlieder, Nebellieder, Windlieder, Schneelieder. Es gibt Tierlieder und Cheerleaderlieder (Cheerlieder?). Es gibt Stadtlieder, Straßenlieder, Brückenlieder und Brunnenlieder. Eigentlich wird alles, was draußen ist, ständig besungen, vielleicht weil vieles, was man draußen machen kann, mit Gesang besser geht: zu Fuß irgendwo hingehen, eine Wiese sensen, das Vieh umtreiben, mit dem Boot rausfahren, das Heu einbringen, die Erbsen mit dem Daumen aus der Schote streifen, von der Jagd nach Hause gehen, von allem nach Hause gehen, sich heimlich mit dem Liebsten treffen. Oft spiegelt die Landschaft wider, was wir selbst fühlen oder hoffen, und dann wird die Landschaft Teil des Liedes.

Doch *in* der Landschaft zu singen ist die eine Sache, die andere ist, die Landschaft selbst zu singen: Keine Kultur verwebt ihre gesamte Umgebung so fest und eindringlich mit Gesang wie die der australischen Ureinwohner. Die Aborigines zeichnen in ihren Gesängen eine mythische Karte kreuz und quer durch ihr Land. Das Land ist weniger Schauplatz dieser geheimen Lieder als vielmehr ihr Protagonist. Die »Songlines« oder »Traumpfade«, die hindurchführen, sind ganz konkret – dieser wiedererkennbare Felsen, diese heilige Schlucht, dieser bekannte Fluss – und zugleich dienen sie der Wahrheitsfindung auf der spirituellen Reise des Einzelnen durch das Leben. Der englische Reiseschriftsteller Bruce Chatwin beschreibt in seinem wunderbaren Buch *Songlines*, wie diese Gesänge funktionierten:

»Er fuhr fort, mir zu erklären, dass jeder totemistische Ahne auf seiner Reise durch das Land eine Spur von Wörtern und Noten neben seinen Fußspuren ausgestreut habe und dass sich diese Traumpfade wie Verkehrs-›Wege‹ zwischen den am weitesten auseinanderliegenden Stämmen über das ganze Land hinzögen.

›Ein Lied‹, sagte er, ›war gleichzeitig Karte und Kompass. Wenn man das Lied kannte, konnte man immer seinen Weg durch das Land finden.‹ (…)

Zumindest theoretisch konnte ganz Australien wie eine Partitur gelesen werden. Es gab kaum einen Felsen oder einen Bach im Land, der nicht gesungen werden konnte oder gesungen worden war. Man musste sich die Songlines wie Spaghetti aus Iliaden und Odysseen vorstellen, die sich hierhin und dorthin schlängelten, wobei jede ›Episode‹ den geologischen Formen abzulesen war.«

Da Leben und Land in der Traumzeit der australischen Ureinwohner untrennbar miteinander verbunden sind, bedeutet eine Veränderung der Landschaft durch den Menschen immer auch die Zerstörung einer oder mehrerer Songlines und damit die Zerstörung der indigenen Kultur. Die Gesänge dürfen nicht von jedem gesungen werden, sondern werden nur von ausgewählten Verantwortlichen weitergegeben und entgegengenommen. Es ist eine singende Aneignung der Welt – aber eben nicht die Aneignung des Landes durch den Menschen. Nein, der Mensch eignet – und bietet – sich singend dem Land an.

Die Seeinsel von Innisfree

Ich steh jetzt auf und gehe und geh nach Innisfree,
und bau aus Lehm und Reisig mir ein Häuschen klein.
Neun Reihen Bohnen hab ich und Bienenkörbe, die
laut im Walde summen, ich lebe ganz allein.

Dort hab ich meinen Frieden, der Frieden tropft
 so sacht,
tropft von den Morgenschleiern zur Grille hin,
 die singt.
Der Mittag leuchtet malven, und funkelnd ist
 die Nacht.
Der Flügelschlag des Hänflings, der durch den Abend
 schwingt.

Ich steh jetzt auf und gehe; nachts, tags, die ganze Zeit
hör ich die Wellen schlagen, leise, zum Ufer hin.
Und wenn ich innehalte auf Straßen grau und breit,
hör ich den See tief in mir drin.

William Butler Yeats
1865–1939

Frieden

Ja, es gibt Kriegslieder, es gibt Schmählieder, es gibt unerträgliche Gesänge, rassistisch, sexistisch, nationalistisch – gerade in Deutschland, wo die Nazis ihre Nazilieder grölten. Aber leider sangen sie auch viele der guten Lieder und machten sie so ebenfalls zu Naziliedern. Wenn Deutsche in einem irischen Pub gefragt werden, ob sie ein deutsches Volkslied singen können, dann schütteln wir meistens den hochroten Kopf und tun, als hätten wir gerade einen spontanen Kehlkopfriss erlitten. Wenn wir so stark genötigt werden, dass es peinlicher wäre, nicht zu singen als zu singen, dann singen wir bekanntlich gerne »How Many Roads«. Aber vielleicht spielt dabei auch eine Rolle, dass wir einfach nicht wissen, welches Lied die Deutschen vor sich hinpfiffen, als sie die Gashähne aufdrehten und die Öfen vorheizten.

Als ich in Irland lebte, war ich innerlich stets darauf vorbereitet, ein Lied zu singen: allein, mit anderen, begleitet, a cappella. Natürlich fand ich das beängstigend, aber was blieb mir anderes übrig? Ich wollte nicht ständig abwehrend den Kopf schütteln, als hätte man etwas Unsittliches von mir verlangt. Und ich wollte auch nicht, dass sie dann solche Deutsche fragten, die im besten Falle ein hilfloses *Yesterday* angestimmt hätten, was aber, wie jeder weiß, ein irisches Volkslied ist, da die meisten

Beatles irische Großeltern hatten. Für den schlechtesten Fall waren die Möglichkeiten unerschöpflich. Von *Fiesta Mexicana* bis zur *Wacht am Rhein* war alles vorstellbar. Nein, da war es besser, ich schaute mir nochmal die hinteren Strophen von *Lili Marleen* an, bevor ich ausging. *Dat du min Leevsten büst* sang ich wahrscheinlich am öftesten, aber sehr gut eignete sich auch das Revolutionslied *In dem Kerker saßen zu Frankfurt an dem Main* – ein Lied über sechs Studenten, »die für die Freiheit fochten und für das Bürgerglück und für die Menschenrechte der freien Republik«. Mit diesem Lied kommt man in Dublin sehr weit, hier wurde hart für die freie Republik gefochten. Doch wo hart gefochten wird, ist die Sehnsucht nach Frieden am stärksten. Ich kenne kaum ein Gedicht, das mehr Frieden ausstrahlt als *Die Seeinsel von Innisfree* des irischen Dichters William Butler Yeats. Hier tropft der Frieden aus Morgennebelschleiern hinab zur Grille, deren Gesang in den Wassermolekülen des Sees enthalten ist. Der See wiederum tönt im Innersten des lyrischen Ichs, bis schließlich alles, Himmel, Insel, See, Mensch von Frieden durchtränkt ist. Der Gesang von Grillen, Bienen und Wellen formt das Gedicht, das beim Lesen selbst zur Insel wird. Vielleicht kann nur eine Nation, die solche Unruhen und solches Leid erfahren hat, solche Sehnsuchtslieder hervorbringen.

Denn selbst bei Liedern, in denen man nicht über den Frieden, sondern über den Feind singt, steht nicht die Feindschaft im Vordergrund, sondern die Gemeinschaft der Singenden. Es ist nämlich kaum möglich, von ganzem Herzen zu singen und gleichzeitig tiefen Hass zu verspüren. Auf die Dauer muss man eines von beidem aufgeben, das Singen oder das Hassen.

Der berühmte Geiger Yehudi Menuhin verfasste wenige Wochen vor seinem Tod den kurzen Text *Zur Bedeutung des Singens.* Er glaubte fest daran, dass man singend eine Welt erschaffen kann, in der Frieden und Liebe vorherrschen. Seine These ist so schlicht wie ergreifend: »Wenn einer aus seiner Seele singt, heilt er zugleich seine innere Welt. Wenn alle aus ihrer Seele singen und eins sind in der Musik, heilen sie zugleich auch die äußere Welt.«

Menuhin war Schirmherr eines internationalen Netzwerks zur Förderung der Alltagskultur des Singens, *il canto del mondo*, dessen Mitglieder sich dafür einsetzen, dass in Kindergärten, Schulen, eigentlich überall mehr gesungen wird, möglichst täglich. Singen ist laut Menuhin »ein Klingen aus der Stille, aus der Fülle der bewußten Innerlichkeit« und damit »ein lauschendes, den anderen hörendes Singen«. Wer also den anderen hört, wirklich hört, der kann keinen Krieg mit ihm führen.

Ich lese den Text von Menuhin und frage mich, ob vielleicht doch alles einfacher ist als gedacht. Wahrscheinlich nicht. Trotzdem könnte man ja mit dem Singen schon einmal anfangen – was haben wir denn zu verlieren?

Ein Liebeslied

Komm zu mir in der Nacht – wir schlafen
engverschlungen.
Müde bin ich sehr, vom Wachen einsam.
Ein fremder Vogel hat in dunkler Frühe schon gesungen,
Als noch mein Traum mit sich und mir gerungen.

Es öffnen Blumen sich vor allen Quellen
Und färben sich mit deiner Augen Immortellen …

Komm zu mir in der Nacht auf Siebensternenschuhen
Und Liebe eingehüllt spät in mein Zelt.
Es steigen Monde aus verstaubten Himmelstruhen.

Wir wollen wie zwei seltene Tiere liebesruhen
Im hohen Rohre hinter dieser Welt.

Else Lasker-Schüler
1869–1945

Liebe

Es ist wahr, letztlich ist jedes Lied ein Liebeslied. Erotische Liebe, Liebe zum Kind, Liebe zur Natur, Liebe zur Heimat, Liebe zu Gott, Liebe zur Freiheit, Liebe zum Leben und ja, sogar die Liebe zum Tod, zumindest eine Sehnsucht danach, aber auch glühende Leidenschaft, die jederzeit in ihr Gegenteil umschlagen kann, entfacht ihre Lieder.

Ich glaube nicht, dass es irgendetwas gibt, das mehr Gesang hervorgebracht hat und hervorbringen wird als die Liebe. »The book of love has music in it«, singen die Magnetic Fields und später dann Peter Gabriel, »in fact, that's where music comes from«. Und genau so ist es: Die gesamte Musik ist wahrscheinlich allein wegen der Liebe überhaupt erst entstanden, und die ursprünglichste Musik ist der Gesang. Die Liebe hat bewirkt, dass die Menschen ihre rauen Sprechlaute so zu verändern versuchten, dass sie tief Luft holten und ihre Vokale lang zogen, dass sie den Luftstrom stärker kontrollierten und den Atem in Klang verwandelten, dass sie allmählich Melodien aus den einzelnen Tönen zusammensetzten, Tonfolgen suchten, die sie als angenehm oder berührend empfanden. Denn die Wahrscheinlichkeit war hoch, dass sie damit auch anderen ein angenehmes oder berührendes Gefühl bereiten konnten. Und die Angesungenen konnten natürlich nicht anders, als zurückzulieben und zurückzusingen. Falls der Gesang tatsächlich vor der Sprache kam, war am Anfang gar nicht das Wort, sondern das Lied, das Liebeslied.

Die Liebe muss sich mitteilen, deswegen will Musik gehört werden, Bilder wollen gesehen werden, Tänze getanzt, Bücher gelesen werden. Auch das Liebeslied von Else Lasker-Schüler wendet sich unmittelbar an ein Gegenüber, braucht ein sich spiegelndes Du, das Subjekt und Objekt der Liebe. Denn die Lieder sind die wirkmächtigsten unter allen verführenden Künsten, das weiß jeder. Wahrscheinlich bekommen deshalb die unscheinbarsten Sänger immer die aufregendsten Frauen: »We're ugly but we have the music«, singt Leonard Cohen nicht ohne eine gewisse Genugtuung.

Wer kann schon einem Lied widerstehen?

Mir hat noch nie jemand ein Lied geschrieben. Kein Liebeslied und auch sonst keines. Keines, das womöglich im Untertitel meinen Namen nennt oder mich so beschreibt, dass ich mich selbst darin erkannt hätte. Je länger ich darüber nachdenke, desto schrecklicher finde ich es. Ist mein Leben wirklich lebenswert? Wie wäre es verlaufen, wenn mir jemand ein Liebeslied geschrieben hätte? Oder: Vielleicht *hat* mir ja jemand eines geschrieben, und ich habe es nicht verstanden? Vielleicht habe ich währenddessen mit dem Typen neben mir gequatscht, der so nervte, weil er die Musik überbrüllte? Oder vielleicht wurde es geschrieben, aber nie gesungen? Oder es wurde von einer Festplatte gelöscht, wehte von einem Schiff ins Meer oder vom Straßenrand in den Gully? Oder der, der es geschrieben hatte, schickte es mir mit der Post, aber ich war längst weggezogen und der Nachsendeauftrag abgelaufen? Ach!

Doch zum Glück sind da die Magnetic Fields, die uns daran erinnern, dass Liebeslied nicht gleich Liebeslied ist: »Some of it's just transcendental«, singen sie, »some of it's just really dumb.« Vielleicht sollte ich mich also fragen, was schlimmer ist, kein Liebeslied oder ein wirklich dummes? (Keins natürlich! Keins ist viel schlimmer!) Das Liebeslied der Magnetic Fields gehört auf jeden Fall zu den transzendentaleren.

Ich frage mich, für wen es war.

Und wie ihr Leben verlaufen ist.

Der Chor der Unsichtbaren

O lasst mich ein in jenen Chor der Unsichtbaren
aus unsterblichen Toten, die in den Köpfen anderer Menschen
weiterleben, und diese durch ihr Dasein besser machen:
Zu leben in dem Puls, der für die Großmut schlägt,
in Taten tapfrer Güte und verspottend
kleine Ziele, die am Ende nur sich selbst bezwecken,
in erhabenen Gedanken, die durch die Nacht wie Sterne stechen,
die sanft und doch beharrlich Menschen dazu bringen,
an ihrer Suche nach den großen Dingen festzuhalten.
So zu leben ist der Himmel:
Nie endende Musik in diese Welt zu tragen,
Und atmend eine schöne Ordnung zu erschaffen,
die in weitem Schwung die Menschen lenkt, die ihrerseits sich weiten.
Auf dass wir erben jene süße Reinheit,
für die wir fochten, welche wir verloren und bekämpften
in Rückschau und in wachsender Verzweiflung.
Aufrührerisches Blut, das sich nicht zwingen lässt,
Die arme, alte Reue, jene böse Muhme, die ihr Kind
durch Scham zum Schweigen bringt, löst sich rasch auf;

Ihr Missklang wird gelöscht durch Harmonie
und stirbt hinein in jenes große und geneigte Lied.
Und unser ganzes rares, bessres, wahres Selbst,
das fromm in sehnsuchtsvollen Liedern weinte,
das danach strebte, all die Last der Welt
zu schultern, und dabei verfolgte, was zu tun sei, oder wie
es doch vielleicht noch besser ging, – ja, dieses Selbst
erblickte tief in sich ein Bild, das seinem Zufluchtsort noch würdiger war.
Und formte es vor jener Menge, göttlich menschlich, um sodann
mit noch mehr Achtung, reicher noch an Liebe
sie zu ehren.
Dies bessre Selbst wird leben, bis ihm die Erdenzeit die Lider schließt,
und bis der Erdenhimmel, wie ein Schriftband aufgerollt,
sich ballt in seinem Grab,
für immer ungelesen.
Und dieses Leben, ja, es kommt,
dem Menschen, ohne Schuld gefoltert, noch mehr Glanz gegeben haben,
für uns, die wir versuchen nachzukommen. Ich wünschte mir,
ich könnte jene reinsten aller Sphären noch erreichen und so
für andere Seelen Labsal sein, ein Stärkungstrank bei einem großen Schmerz,
ein edles Feuer würde ich in einer Brust entfachen, Liebe zu essen geben,

ich würde lächeln machen, die nie grausam sind,
wär der süße Kern verströmter Güte,
die sich, obwohl sie sich verströmt, noch stärker wird!
So komme ich endlich in den Chor der Unsichtbaren,
denn seine Lieder sind die Seligkeit der Welt.

George Eliot
1819–1880

Gemeinsam

Beim Chorsingen wird aus vielen Einzelstimmen ein einziger Klangkörper. Großartige Chöre müssen nicht unbedingt aus großartigen Sängerinnen und Sängern bestehen. Dasselbe wundersame Phänomen kann man manchmal bei Provinzfußballmannschaften beobachten, wenn sie auf fast schlafwandlerische Weise Klubs wie Inter Mailand oder Bayern München schlagen. Es liegt am Mannschaftsgefüge. Und dann kommt noch irgendetwas Kosmisches hinzu.

Ich singe gern in Chören, die nicht so groß sind, dass man nur von Angehörigen derselben Stimme umringt ist. Wenn es geht, stelle ich mich gern an die Schnittstelle zur nächsten Stimme, sodass links von mir ein Tenor steht. Beim Chorsingen lerne ich weniger das Singen als das Hören. Ich singe gern in kleinen Gruppen oder Quartetten und Duetten, in denen ich mir selbst genau zuhören muss und zugleich denen, die neben mir, hinter mir oder gegenüber stehen. Dabei versuche ich, mich zwischen die anderen Stimmen zu schlängeln, und alles wickelt sich umeinander und wird zu einem Strang. Wenn Atmung und Harmonien so dicht werden, dass ich irgendwann nicht mehr mit Sicherheit sagen kann, wer jetzt gerade was singt, ob ich das bin oder meine Nachbarin, hat das Singen etwas Entgrenztes und Entgrenzendes, und das möchte ich gerne möglichst oft erleben.

Dafür muss aber auch der Raum »stimmen«, dessen Bedeutung mir immer wichtiger erscheint, je mehr ich singe, je mehr ich laut lese und öffentlich auftrete. Bei aller Innerlichkeit, Innigkeit und Intimität, bei allem Zuhören in alle Richtungen ist Singen immer auch Performance. Die Bedeutung des Raumes dafür ist nicht zu unterschätzen. Der Raum ist eines dieser Chormitglieder, die man kaum hört, wenn sie mitsingen, aber wenn sie sich verweigern und schlecht drauf sind, stürzt die gesamte Stimme ab, sackt, schleppt, vereinzelt sich.

Manchmal habe ich beim Singen das Gefühl, wie eine Fledermaus mit meiner Stimme meine unmittelbare Umgebung abzutasten, die Wände, den Boden, das Klavier, jede einzelne Person im Raum. Und mir ist, als könnte ich mich auf diese Weise gleichzeitig in dieser Umgebung verorten und ihrer vergewissern. Aber vielleicht habe ich bloß eine romantische Vorstellung von der singenden Aneignung der Welt durch Fledermäuse.

Auch das Sozialverhalten der Fledermäuse erinnert mich an das von Chorsängern: Sie bilden kleinere Gruppen, die sich in einer großen Kolonie zusammentun, also wie die Stimmen eines Chors. Sie hängen gern dicht nebeneinander, sind sich ihrer Nachbarn bewusst, aber trotzdem ganz auf sich konzentriert – genau so funktioniert Chorsingen. Es gibt innerhalb der Gruppen keine Rangordnung, und es kommt immer wieder zu Schwarmverhalten: Wenn also eine Fledermaus überraschend losfliegt, fliegen die daneben gleich hinterher, obwohl sie eigentlich wissen, dass es nicht die richtige Zeit ist.

Vielleicht gehören riesige Fledermauskolonien aufgrund ansteckender Krankheiten bald genauso der Vergangenheit an wie Rudelsingen, Massen-Mitsing-Konzerte und große Chorfestivals, ich weiß es nicht. Doch das Bedürfnis, gemeinsam zu singen, wird es immer geben. Gemeinsam können wir unsere eigene Stimme vervielfachen und erweitern, Teil eines großen klingenden Lebewesens werden, das ganz andere Möglichkeiten hat. Nach einem Ausschöpfen solcher Möglichkeiten sehnt sich das lyrische Ich in George Eliots Gedicht *Der Chor der Unsichtbaren*, in dem es weniger um das Singen geht als um das Handeln. Das Ich wünscht sich gerade *nicht* hervorzuragen, sondern danach, eingereiht zu sein. George Eliot hieß mit bürgerlichem Namen Mary Anne Evans. Sie hatte sich unter anderem deshalb ein männliches Pseudonym zugelegt, um nicht aufzufallen. Ihre Sehnsucht nach chorischer Gemeinschaft ist also nicht nur ein moralisches, sondern auch ein politisches Anliegen.

Beim Chorsingen freue ich mich darauf, mal neben dieser, mal neben jener Person zu stehen, mal Hilfe suchend, mal Hilfe leistend. Es gefällt mir aber auch, Quatsch zu machen, zu kichern, jemandem auf der anderen Seite zuzulächeln und manchmal murmelnd meinen Unmut kundzutun. Gerade an den Tagen, an denen ich mich müde zum Chor quäle, komme ich oft am belebtesten und fröhlichsten wieder nach Hause. Wenn mir etwas im Chor nicht gelingt, ärgere ich mich nicht so sehr, weil es meistens nur meinen unmittelbaren Nachbarinnen auffällt, weil die anderen auch Fehler machen und weil ich schon beim nächsten Durchgang die nächste Chance habe.

Singen ist flüchtig, vergänglich, endlich. Der Ton, den dein Körper in diesem Moment hervorbringt, ist der, der zählt. Beim nächsten Ton ist der davor schon nicht mehr da und gehört trotzdem zum nächsten und zu denen davor. Singen ist zwar immer im Jetzt, doch gleichzeitig verbindet es die Vergangenheit und die Zukunft in der Melodie, die sich hinter dem Ton zusammenfügt und vor dem Ton weitergehen wird. Und so lösen sich im Singen – obwohl die Zeit in Form von Tempi, Tonlängen, Phrasen, Wiederholungen und Pausen eine entscheidende Rolle spielt – die Zeitgrenzen auf. Angesichts all dieser transzendentalen Erfahrungen ist es beim Chorsingen ganz schön, wenn jemand neben dir steht, der diese Erfahrungen mit dir teilt und dich trotzdem in Ruhe lässt – genau wie die Fledermäuse in der Fledermauskolonie.

Im Gegensatz zu Fledermäusen haben Chöre allerdings Chorleiterinnen und Chorleiter, die den Takt angeben, Bestimmer im wahrsten Sinne des Wortes. Oft sind dies kapriziöse Menschen, die selbst gar nicht gut in Chöre passen, sie aber gerade deshalb besonders gut dirigieren können. Eine meiner liebsten Chorleiterinnen war Teri DeSario, eine amerikanische Sängerin, die in den Achtzigerjahren Alben mit Barry Gibb (von den BeeGees) und KC (von KC and the Sunshine Band) aufgenommen hatte. Teri hatte über zehn Jahre völlig unerkannt mit ihrem norddeutschen Ehemann hinter einem Deich weit hinter den Toren Hamburgs gewohnt. Dort dirigierte sie in ihrer Freizeit einen kleinen Männer-Shantychor, bevor sie sich entschloss, die Leitung des Hamburger Gospelchors zu übernehmen, in dem ich damals gerade sang. Wir waren für sie der Weg zurück in die Profimusik und weder davor noch danach je wieder so gut. Inzwischen ist sie zurück nach Amerika gezogen und gibt Konzerte, denn dort ist sie immer noch ein Star.

Neun Jahre lang sang ich in jenem Gospelchor, und doch wäre mir nie eingefallen, bei der Hausarbeit, zur Entspannung, überhaupt zu irgendeiner Gelegenheit freiwillig Gospelmusik zu hören. Das ist auch ein chorisches Paradox: Es gibt Lieder, die möchte man lieber singen als hören und umgekehrt. Nach Teri DeSarios Rückkehr in die Staaten jedoch half mir die Lebensfreude in dieser Musik nicht mehr darüber hinweg, dass ich manches darin einfach nicht so fühlte. Ich bekam Schwierigkeiten mit Beseeltheit, empfand bisweilen auch das Unbehagen kultureller Aneignung. Gibt es die bei Musik? Ist ein weißer Gospelchor, der sich bewusst *dagegen* entscheidet, den Akzent und die gesungenen Einwürfe, die Choreografie und Gestik afroamerikanischer Sängerinnen und Sänger nachzumachen, trotzdem anrüchig? Ich glaube nicht. Ich glaube tatsächlich, alle dürfen alles singen – so lange sie wissen, wer sie sind und wessen

Lieder sie singen. Weiße Gospelchöre aus privilegierten Hamburger Stadtteilen sollten besser nicht so tun, als wären sie schwarze Feldsklaven, das wäre zynisch. Fremde Lieder mit dem eigenen Ausdruck, der eigenen Freude und Empathie zu singen dient meines Erachtens eher der Völkerverständigung. Denn am Ende geht es beim Singen wie bei allem immer um Wahrhaftigkeit.

Wahr ist zwar, dass Singen friedlich macht, aber es ist auch wahr, dass es in Chören nicht immer friedlich zugeht. Eine meiner zahlreichen Tanten erzählte mir einst, dass es in ihrem ländlichen Bachchor bei manchen Proben und *allen* Auftritten, sobald es um die Choraufstellung gehe, Rangeleien gebe, und zwar bis hin zu versteckten Knüffen und Püffen. Mit eisernen Mienen und von Zwerchfell-Exerzitien gestählten Körpern werden Plätze verteidigt, auf denen man besonders gut gesehen wird und die man schon seit Jahrzehnten innehat.

Es ist wahrscheinlich kein Geheimnis, dass es dem Sopran schwerer fällt als anderen Stimmen, in mehreren Reihen *hinter*einander zu stehen. Vielleicht liegt es daran, dass wir die Melodie haben und daher auf jeden Fall *nicht* die Begleitung sein können. Damit sind wir eigentlich Solistinnen. Und jeder weiß, dass Solistinnen Diven sind – und das verpflichtet natürlich zu einer gewissen Exzentrik und einem Mindestmaß an Allüren.

Obwohl ich exzentrische Allüren grundsätzlich billige, vor allem bei mir selbst, singe ich doch am liebsten zu viert und am liebsten alte polyphone Musik des sechzehnten und siebzehnten Jahrhunderts. Für meinen zweiten

Roman, in dem es um einen sehr kleinen Chor und um den Schlaf geht, habe ich einst ein Vokalensemble gegründet. Es bestand aus je einem Sopran, Alt, Tenor und Bass, und wir trafen uns zunächst nur, um *Come Heavy Sleep* von John Dowland zu singen. Das Lied hat eine Bedeutung für die handelnden Personen des Romans, und ich wollte wissen, wie es sich anfühlt, es vierstimmig zu singen. Gut fühlt es sich an. Beglückend. Also probierten wir auch noch ein paar andere Lieder aus. Das Buch ist längst geschrieben, aber Dowland singe ich immer noch.

Lied vom Tod

Sing das Lied vom Tod, ach, sing es!
denn ohne das Lied vom Tod, ist das Lied vom Leben
sinnlos und töricht.

Sing schon das Lied vom Tod und von der längsten Reise
und auch von dem, was deine Seele mitnimmt und was
nicht,
und wie sie Schicht für Schicht hineindringt in die
Dunkelheit, die sich verdichtet,
denn das Weltall gleicht sogar im Tod der dunklen Schale
einer Schnecke,
gewunden um den Kern der Ruhe, Stille und des großen
Vergessens –
dorthin gelangt die Seele ganz am Ende und hat Frieden.

Sing schon vom Kern des Dunkels und Vergessens,
wo die Seele sich verliert im tiefsten Frieden.
Sing das Lied vom Tod, ach, sing es.

D. H. Lawrence
1885–1930

Abschied

Die schönsten Lieder sind all jene, in denen jemand fort ist, fort muss, fehlt. Geliebte Personen müssen aus dem Städtele hinaus, in den Krieg hinein, machen Schluss, wandern nach Amerika aus, sterben, ziehen weiter. Oder sie stehn hier am Gartenzaun, nur um dir nachzuschaun und um dir zu winken.

Liebesbriefe, Liebesgedichte, Liebeslieder entstehen immer aus der Sehnsucht heraus, und je größer der Abschied, desto größer die Sehnsucht, desto größer das Lied. Ist die Tatsache, dass Eric Claptons *Tears in Heaven*, ein Song, den er nach dem Tod seines Sohnes geschrieben hat, sein traurigstes und zugleich sein bekanntestes Lied ist, ein Trost oder bittere Ironie?

Ich finde auch solche Lieder schön und traurig, in denen es zwar zu einer Begegnung kommt, aber dann sehen sich die beiden nie wieder, weil die U-Bahn in die falsche Richtung fährt oder weil sie an dem Abend, an dem er sie ansprechen will, einen anderen Mann küsst, der eine Sekunde schneller war. Lieder, in denen die Beteiligten nie die Chance hatten, sich wirklich zu erkennen, und die Möglichkeit eines anderen, vielleicht erfüllteren Lebens einfach verstreicht. (Ich halte zudem nur schwer aus, dass jemand womöglich das Glück hatte, ein Liebeslied geschrieben zu bekommen und es dann nie erfährt.)

Herzzerreißend sind die Lieder, in denen Reue das vorherrschende Gefühl ist. Also Lieder von Leuten, die erkennen, dass sie ihrer Frau lieber öfter mal Blumen gekauft hätten, als sie noch zusammen waren. Verpasste Chancen allerorten. Ich fürchte die Reue. Ich möchte nicht so viel zu bereuen haben, bevor ich sterbe. Dennoch, oder gerade deshalb, gehen mir alle auf die Nerven, die ständig verkünden, dass sie alles noch einmal genauso machen würden.

Alle, außer Edith Piaf. Wenn sie *Non, je ne regrette rien* singt, dann möchte ich mich vor ihr verneigen.

Doch genug von Reue und Angst – alles Petitessen im Angesicht des letzten Abschieds: Am eindringlichsten und bewegendsten sind die Lieder vom Tod. Im Vergleich dazu gibt es unverhältnismäßig wenige Geburtslieder, obwohl die Menschen sehr oft Geburtstag haben und nur ein einziges Mal sterben. Ich glaube, D. H. Lawrence fügt diesen scheinbaren Widerspruch in seinem Gedicht zusammen, wo es heißt, »ohne das Lied vom Tod ist das Lied vom Leben sinnlos und töricht«. Gerade indem wir vom Tod singen, feiern wir das Leben.

Sterben und Singen sind eng miteinander verwoben. Beides geht nur ausatmend. Das Aushauchen der Seele ist zwar ein Bild für das Sterben, aber zugleich ähnelt es den Vorgängen, die beim Singen in Kraft treten.

Einem antiken Mythos zufolge lassen Schwäne, bevor sie sterben, noch einmal ihre Stimme zu einem letzten, hinreißend schönen Lied erklingen. Ich kann diesen Gedanken verstehen: Im Angesicht des Todes ist jede Äußerung mit einer höheren Bedeutung aufgeladen. Die Aura des Jenseits umgibt ein letztes Werk, ein letztes Gedicht, ein letztes Lied, die letzten Dinge. In ihnen ist die Intensität der allerletzten Möglichkeit, einer allerletzten Erkenntnis oder Wahrheit für immer aufgehoben, also bewahrt und zugleich gelöscht.

In Shakespeares *Hamlet* ergreift uns der wirre Gesang der Ophelia, die wildblumenbekränzt den Fluss hinuntertreibt. Es ist ihr erstes und letztes Lied im Stück, ihr einziger großer Auftritt. Oder doch nicht? Wir erfahren von ihrem Selbstmord, ihrem Wahnsinn nur aus zweiter Hand. Gertrude berichtet im vierten Akt, wie Ophelia bei den Weiden ins Wasser gegangen und singend den Fluss abwärts getrieben sei, bis ihre schweren Kleider sie in die Tiefe gezogen hätten. Ophelia selbst sagt nichts mehr. Und doch wird sie im Stück erst richtig wahrgenommen, nachdem sie ertrunken ist. Während Ophelia dahintreibt und singt, fährt man ihr zum ersten Mal nicht über den Mund, unterbricht sie zum ersten Mal nicht oder bringt sie zum ersten Mal nicht zum Schweigen. Nur im Tod ist sie frei, doch selbst im Freitod hören wir sie nicht selbst singen, sondern haben nur Gertrudes Wort. Und Gertrude, als Ophelias zukünftige Schwiegermutter, Königin und potenzielle Gattenmörderin, spielt ihr eigenes Spiel, singt ihr eigenes Lied. Das Echo von Ophelias Lied klingt bis heute durch die Gemüter der Menschen, und wie immer hat das Verdrängte am meisten Kraft, da es sich aus den unteren Schichten des Unbewussten langsam einen Weg nach oben graben muss. Dabei gewinnt es an Ausdauer und Widerstandskraft.

Totenlieder, Lieder für Tote, Lieder von Todgeweihten, Lieder für Trauernde, Lieder über das Sterben vermögen mehr als alle anderen Lieder die Endlichkeit aufzuheben, alles Vergängliche zu transzendieren und damit den Tod selbst zu überwinden. Deshalb sind sie ein Trost – auch wenn der Singende selbst untröstlich ist.

Das mag ein Grund dafür sein, warum in unserer Familie auf Beerdigungen immer gesungen wird, was das Zeug hält. Fröhliche Kirchenlieder, in denen vor allem gelobt und gepriesen wird, in denen die Sommerszeit gefeiert und Psalter und Harfe aufgefordert werden aufzuwachen – Lieder, in denen sich die Anspannung der Trauer und das Ringen um Fassung kontrolliert entladen können.

Zuerst denke ich immer, ich kann das jetzt nicht, meine Stimme wird wegbrechen, aber dann geht es doch. Natürlich bricht die Stimme zwischendurch einmal weg, dann hört man eben kurz auf, um in der darauf folgenden Strophe umso tapferer wieder einzusetzen. Das Singen verleiht Stärke, weil man mit den anderen zusammen und im Gedenken an die Toten singt, und es ist zugleich das Überlaufbecken für ein zu volles Herz – genau wie in diesem Lied von der schönen Sommerszeit, das wir auch singen, wenn die Beerdigung im Winter ist:

»Ich singe mit, wenn alles singt,
Und lasse, was dem Höchsten klingt,
Aus meinem Herzen rinnen.«

Auf Beerdigungen, bei denen die Gäste ihre Trauer singend aus dem Herzen rinnen lassen, müssen die Angehörigen nicht so viele Tränen vergießen. Und obwohl ich schon seit meiner Teenagerzeit in unregelmäßigen Abständen meine eigene Beerdigungs-Playlist auf den neuesten Stand bringe, werden es am Ende wohl doch wieder die alten Familienlieder werden, denn Beerdigungen sind letztlich nur auszuhalten, »wenn alles singt«.

Fisches Nachtgesang

—
◡◡
— – —
◡◡◡◡
— – —
◡◡◡◡
— – —
◡◡◡◡
— – —
◡◡◡◡
— – —
◡◡
—

Christian Morgenstern
1871–1914

Schweigen

Als vor ein paar Jahren bei einem Konzert in der Elbphilharmonie der letzte Ton von Mahlers Neunter und letzter Sinfonie fast verklungen war, hielt der Dirigent Teodor Currentzis beide Arme eine lange, sehr lange Zeit in der Luft. Alle Musiker blieben aufrecht sitzen. Die Bläser hatten ihre Instrumente zwar vom Mund genommen, aber noch nicht in den Schoß gelegt, die Streicher hatten die Hand mit dem Bogen behutsam gesenkt, doch die Geigen und Bratschen klemmten noch unterm Kinn und die Celli zwischen den Knien. Die Perkussionisten hielten ihre Holzstöcke noch in den Händen, ganz weich, aber bereit, jeden Moment weiterzutrommeln.

Die Kontrabassisten standen locker hinter den großen Holzkörpern ihrer Instrumente, von denen ich bei jedem Konzert erwarte, dass sie sich am Ende des letzten Stücks zu ihren Partnern umwenden, um mit ihnen einen langsamen Walzer über die Bühne zu drehen.

Alle schauten auf den Dirigenten, der die Augen geschlossen hielt. Oder vielleicht schaute er nach unten in die Noten, als könnte er dort ablesen, wie lange er und mit ihm sein Orchester und das Publikum so verharren müssten. Die Arme standen im rechten Winkel nach oben, wie bei einem großen Kaktus. Das Publikum starrte ihn an und gab keinen Laut. Es war wie bei Dornröschen. Sie sticht sich an der Spindel, und alles erstarrt in der Momentaufnahme, die Prinzessin sinkt neben das Spinnrad, das Huhn wird nicht geschlachtet, der Küchenjunge wird nicht geohrfeigt, alles fällt in eine Trance und wacht erst hundert Jahre später wieder auf. Die eine Minute, in der wir schweigend auf den Plätzen saßen und uns nicht rührten, fühlte sich auch an wie hundert Jahre. Stille macht etwas mit der Zeit – vor allem bei einem Musikstück, das ohnehin zur Stille drängt.

Eine sehr berühmte Stille ist das Nichtsingen der Sirenen in Kafkas kurzer Erzählung *Das Schweigen der Sirenen*, in der Odysseus sich entgegen Kirkes Empfehlung genau wie seine Gefährten die Ohren mit Wachs verstopft. Er sieht die Sirenen singen und quält sich dennoch viel mehr als Homers hörender Held, weil er sich vorstellt, wie herrlich der Gesang wäre, würde er ihn hören. Der Clou der Geschichte ist, dass Odysseus nur glaubt, sie sängen. Doch in Wirklichkeit schweigen die Sirenen und simulieren ihren Gesang. Kafkas Odysseus weiß dies aber nicht. Seine Tragik besteht nicht nur darin, dass er das Schönste verpasst, das er je hätte hören können, sondern dass er es *nicht einmal* verpasst – obwohl er immer glauben wird, er habe es verpasst. Das ist perfide und bedrückend, aber auch kafkaesk komisch. Und vielleicht wird er sich irgendwann einbilden, er habe die Stimmen doch ein bisschen durchs Wachs gehört.

Eigentlich schweigen Kafkas Sirenen gar nicht, sie singen bloß ohne Ton. Ihrem Gesang eilt ein so gewaltiger Ruf voraus, dass sie gar nicht mehr singen müssen, um Qualen in den Hörenden auszulösen. Und die Hörenden müssen den Gesang nicht mehr vernehmen, um zu wissen, dass sie dabei vor Sehnsucht vergehen würden. Die Erwartung des eigenen Hingerissenseins reicht schon aus. Ein Ruf ist auch ein Ton.

Ein Ton, der erwartet, aber nicht gesungen wird, ist das wichtigste Element des Kinderliedes *Jetzt fahrn wir übern See*, bei dem in jeder Strophe der zweite Vers abbricht, im dritten neu einsetzt und im vierten Vers dann zu Ende gebracht wird:

> Jetzt fahrn wir übern See, übern See.
> Jetzt fahrn wir übern --.
> Jetzt fahrn wir übern See, übern See.
> Jetzt fahrn wir übern *See.*
> Mit einer hölzern Wurzel, Wurzel, Wurzel, Wurzel.
> Mit einer hölzern Wurzel. Ein Ruder war nicht ----.
> Mit einer hölzern Wurzel, Wurzel, Wurzel, Wurzel.
> Mit einer hölzern Wurzel. Ein Ruder war nicht *dran.*

Natürlich singt immer jemand laut und unbewusst in die Stille hinein, wird dann ausgelacht, muss ein Pfand zahlen, schämt sich. Wenn ich recht darüber nachdenke, ist das Lied eine ziemliche Gemeinheit. Auf diese Weise bringt man Kindern bei, dass Alleinesingen etwas ist, für das man sich schämen muss. Der Chor hat immer recht. Solosingen macht verletzlich, aus Versehen Solosingen und dafür Vorgeführtwerden ist ein bisschen lustig, aber auch ein bisschen schrecklich. Wer bei dem Lied mehr als zwei Mal ausgelacht wurde, singt jedenfalls nicht mehr so freudig wie am Anfang.

Trotzdem kann man während des Singens schweigen, ohne sich vor Bloßstellung schützen zu müssen. Die Stille spielt beim Singen eine große Rolle. Sie erscheint als Tonloch wie jene gesungene Fallgrube im Lied vom Fahren übern See, übern See. Sie existiert als von den Noten diktierte und durchgezählte Pause oder als ein rasches Luftholen, das man selbst hineinschmuggelt. Manche Lieder fordern ein Lückenlosesaneinandersingen der einzelnen Töne. Andere Lieder werden strukturiert von den Momenten, in denen eben nicht gesungen wird. Wenn beim Offbeat die Stimme einen Hauch später einsetzt, als es der Takt vorgibt, dann hat diese kurze Stille eine entscheidende Wirkung auf die, die zuhören. Sie sind überrascht, ruckeln unbewusst mit ihren Körpern hin zu dieser Leerstelle, der Leerstille. So entwickelt das Lied seine Dynamik, seinen Groove.

Ein solches Ruckeln hin zur Leerstelle durchzittert uns beim Lesen von Christian Morgensterns zauberhaftem Gedicht *Fisches Nachtgesang.* Oder vielleicht ist es eher ein Wiegen, denn es handelt sich ja um ein Nachtlied und damit vielleicht auch Wiegenlied? Sein stromlinienförmiger Inhalt ist tonloses Atmen, seine Hebungen und Senkungen sind schwappende Wellen und Fischschuppen. Die Sprache löst sich auf, aber sie verschwindet nicht.

Lauschen wir in die Stille hinein, die herrscht, nachdem jemand aufgehört hat zu singen, wobei dieser Jemand auch man selbst sein kann, so hören wir viel mehr als nichts. Der soeben erklungene Gesang hängt noch kurz unter der Decke, wird von den Wänden hin und her geworfen, löst sich auf, aber irgendwelche transparenten Klangfetzen schweben trotzdem noch ab und zu ans Ohr.

Vor dem ersten Ton eines kleinen Lieds oder eines großen Chorkonzerts empfinde ich die Stille in einem Raum nicht wie die Abwesenheit von Gesang, sondern wie die Anwesenheit von Schweigen. Die Stille erscheint mir dann nicht wie eine Leere, sondern wie die Fülle – ein Chor aus nicht erklingenden Stimmen, aus Stimmen, deren Gesang verklungen ist, aber deshalb sind sie ja noch lange nicht fort. Die Stille vor dem Singen ist wie weißes Licht, das sich nicht durch die Abwesenheit von buntem Licht auszeichnet, sondern nur dann entsteht, wenn alle Farben auf einmal leuchten. Die Stille, bevor ich den ersten Ton singe, trägt die Möglichkeit aller Klangfarben in sich. Deshalb ist es so wichtig, beim Singen aus der Stille zu beginnen.

Ein Lied ist das, was die Stille auf eine ganz bestimmte Weise formt, sie mit der Stimme eingrenzt. Singen ist damit ein besonders liebevolles Aufheben des Schweigens.

Ich singe einfach weiter!

Vögel ziehn vorüber
Alle in Erwartung
Sonnengelber Orte –
Das Rotkehlchen sitzt hier,
Und ich hab meine Worte.

Ich nehme meinen Platz im Sommer später ein,
Doch dafür biete ich den volleren Ton
Das Abendlied klingt süßer als das Lob der Herrgottsfrüh,
Denn um die Mittagsstunde keimt der Morgen schon.

Emily Dickinson
1830–1886

Weitersingen

Mit und ohne Chor, mit und ohne Corona – die Menschen finden immer einen Weg weiterzusingen. Während meiner Arbeit an diesem Buch werden gerade Langzeit-Covid-Patienten mit schwerer Atemnot von zwangspausierenden Sängerinnen und Sängern der Oper therapiert. Am Bildschirm atmen, blubbern und zischen sie zusammen, um angeschlagene Zwerchfelle wieder zu stärken. Und: Sie singen! Singend gewinnen die Kranken ihre Kraft zurück, ihren Atem und damit ihr Leben.

Ob wir nun unter Anleitung von Opernsängerinnen Kinderlieder zur Erweiterung unserer Lungenkapazität einüben, ob wir in der Quarantäne vom Balkon aus Geburtstagskanons zum Nachbarn hinüberträllern, ob wir auf Internetplattformen mit schottischen Briefträgern Shantys anstimmen oder draußen mit riesigen Abständen in einem Park solistisch und chorisch zugleich intonieren. Ob wir vor dem Altersheim des Großvaters oder unter dem Fenster der Angebeteten stehen, im eigenen Wohnzimmer oder in großen Konzerthallen, bei vollen oder leeren Publikumsrängen. Ob unter der Dusche, beim Staubsaugen, im Auto, am Bett eines Kindes oder einer Sterbenden. Ob wir allein auf einem Berg in ein Tal hineinjodeln oder ob uns am Meeresufer der Wind die Töne vom Mund fortreißt. Wir singen weiter. Weitersingen – im Gegensatz zum Singen – ist immer ein Singen gegen ein Trotzdem. Die Dichterin Emily Dickinson singt weiter, trotz ihrer Einsamkeit, Krankheiten und Depressionen. Andere singen weiter, während sie unter einer Diktatur im Gefängnis sitzen. Wieder andere singen weiter, weil sie aus dem dunklen Keller eine Flasche Sprudel holen müssen. Die Lieder schlafen eben in allen Dingen. Für alle.

Literaturverzeichnis

Ilse Aichinger: *Kurzes Schlaflied*, in: *Verschenkter. Rat. Gedichte*, © S. Fischer Verlag GmbH, Frankfurt am Main 1978.

Sophie Albrecht: *Morgenlied*, in: *Thalia. Erster Band*, herausgegeben von Friedrich Schiller, Leipzig 1785–1787.

Augustinus: *Bekenntnisse. Lateinisch und Deutsch*, Insel Verlag, Frankfurt am Main 1992. Übersetzt von Joseph Bernhart.

Rose Ausländer: *Noch bist du da*, in: *Ich höre das Herz des Oleanders*, © 1992, S. Fischer Verlag GmbH, Frankfurt am Main.

Ingeborg Bachmann: *Lieder von einer Insel*, in: *Werke*, Band 1: Sämtliche Gedichte, © 1978, Piper Verlag GmbH, München.

Barthold Heinrich Brockes: *Die Luft*, in: *Irdisches Vergnügen in Gott*, Reclam Verlag, Berlin 2019.

Paul Celan: *Fadensonnen*, in: *Die Gedichte.* Neue kommentierte Gesamtausgabe. Mit 25 Radierungen von Gisèle Celan-Lestrange, herausgegeben von Barbara Wiedemann, © Suhrkamp Verlag, Berlin 2018.

Bruce Chatwin: *Traumpfade*, übersetzt von Anna Kamp, © 1992, Carl Hanser Verlag GmbH & Co. KG, München. S. 23 f. Mit freundlicher Genehmigung des Carl Hanser Verlags.

H. D.: *Eurydice*, in: *Collected Poems 1912–1944*, herausgegeben von Louis L. Martz, New Directions, New York 1986. Übersetzt von Katharina Hagena.

Max Dauthendey: *Nur ein Lied färbt die Grauseele bunter*, in: *Gesammelte Werke in sechs Bänden, Band IV: Lyrik und kleinere Versdichtungen*, Albert Langen Verlag, München 1925.

Emily Dickinson: *I Shall Keep Singing!*, in: *The Complete Poems of Emily Dickinson*, Faber & Faber, London 1976. Übersetzt von Katharina Hagena.

Mladen Dolar: *His Master's Voice. Eine Theorie der Stimme*, Suhrkamp Verlag, Frankfurt am Main 2014. S. 62.

Günter Eich: *Träume*, in: *Gesammelte Werke, Band II: Die Hörspiele*, Suhrkamp Verlag, Frankfurt am Main 1953. S. 384.

Joseph von Eichendorff: *Wünschelrute*, in: *Werke in sechs Bänden, Band I: Gedichte. Versepen*, Suhrkamp Verlag, Frankfurt am Main 1987.

George Eliot: *O May I Join The Choir Invisible*, in: *Complete Poems. The Personal Edition of George Eliot's Works*, Whitefish, Montana 2005. Übersetzt von Katharina Hagena.

Robert Frost: *A Minor Bird*, in: *The Poetry of Robert Frost*, herausgegeben von Edward Connery Lathem. © 1928, 1969 by Henry Holt and Company. © 1956 by Robert Frost. Abdruck mit Genehmigung von Henry Holt and Company. Alle Rechte vorbehalten.

Johann Wolfgang von Goethe: *Talismane*, in: *West-Östlicher Divan*, Manesse Verlag, Zürich 1952.

Homer: *Odyssee*, Reclam Verlag, Stuttgart 1966. Übersetzt von Heinrich Voss.

Friedrich Hölderlin: *An die Parzen*, in: *Sämtliche Gedichte*, Suhrkamp Verlag, Frankfurt am Main 2005.

Peter Huchel: *Die Sternenreuse*, in: *Gesammelte Werke in zwei Bänden, Band I: Die Gedichte*, herausgegeben von Axel Vieregg, © Suhrkamp Verlag, Berlin 2017.

James Joyce: *XXVIII*, in: *Poems and Exiles*, Penguin, London 1992. Übersetzt von Katharina Hagena.

Sarah Kirsch: *Die Vögel singen im Regen am schönsten*, in: *Sämtliche Gedichte*, © 2005, Deutsche Verlags-Anstalt, München, in der Penguin Random House Verlagsgruppe GmbH.

Ursula Krechel: *Verbeugungen vor der Luft*, in: *Verbeugungen vor der Luft*, © Jung und Jung Verlag KG, Salzburg 1999.

Else Lasker-Schüler: *Ein Liebeslied* (1943), in: *Sämtliche Gedichte*, S. Fischer Verlag, Frankfurt am Main 2016.

D. H. Lawrence: *Song of Death*, in: *Complete Poems*, Penguin, London 1994. Übersetzt von Katharina Hagena.

Christian Morgenstern: *Fisches Nachtgesang*, in: *Alle Galgenlieder*, Reclam Verlag, Stuttgart 2019.

Rob Mullender-Ross: *Picturing a Voice. Margaret Watts Hughes and the Eidophone*, https://publicdomainreview.org/essay/picturing-a-voice-margaret-watts-hughes-and-the-eidophone, 2019.

Das Nibelungenlied. Mittelhochdeutsch / Neuhochdeutsch, Reclam Verlag, Stuttgart 2011. Übersetzt von Sigfried Grosse.

Ovid: *Metamorphosen*, Verlag Philipp Reclam jun., Leipzig 1986. Nach der Übersetzung von Reinhart Suchier.

Rainer Maria Rilke: *Die Insel der Sirenen*, in: *Neue Gedichte und Der Neuen Gedichte anderer Teil*, Insel Verlag, Frankfurt am Main 1974.

Doris Runge: *grund genug* © 1995, Deutsche Verlags-Anstalt, München, in der Penguin Random House Verlagsgruppe GmbH.

Bettina von Arnim: *Das Abendrot am Strand*, in: *Die Sehnsucht hat allemal Recht*, Insel Verlag, Frankfurt am Main 2013.

Annette von Droste-Hülshoff: *Das Hirtenfeuer*, in: *Gedichte*, Reclam Verlag, Stuttgart 2003.

Karoline von Günderrode: *Die Töne*, in: *Sämtliche Werke und ausgewählte Studien, Band I*, Stroemfeld Verlag, Frankfurt am Main 2006.

Margaret Watts Hughes: *The Eidophone Voice Figures: Geometrical & Natural Forms Produced by Vibrations of the Human Voice*, Reproduktion des Originalbuchs von 1904, Mani Verlag, Hirschhorn am Neckar 2014.

William Wordsworth: *The Solitary Reaper*, in: *Poems*, Ragged Hand, Bristol 2020. Übersetzt von Katharina Hagena.

William Butler Yeats: *The Lake Isle of Innisfree*, in: *The Poems*, Everyman, London 1994. Übersetzt von Katharina Hagena.

Danksagung

Mein besonderer Dank geht an Isolde Rottmann. Ich danke außerdem Anke Hagena, Otfried Hagena, Gerd Hagena, Ruth Köhne, Charlotte Hagena, Karin Klose, Leonore von Falkenhausen, Julia Henning, Teri DeSario, M'Intosh, Walter Kafritsas, Christiane Makkus, Nis Kötting, Stefanie Clemen, meinem Montagschor, dem Gospelchor Blankenese, Vocalion und allen anderen, mit denen ich je singen durfte. Mein Dank und meine Liebe gehen an Christof Siemes, Johann Siemes und Mathilda Siemes.

MIX
Papier | Fördert gute Waldnutzung
FSC® C083411
www.fsc.org

ISBN 978-3-7160-2806-3

Originalausgabe
4. Auflage 2026

Umschlaggestaltung: Herr K | Jan Kermes, Leipzig,
unter Verwendung eines Motivs von Margaret Watts Hughes
Gesetzt aus der Minion Pro
Satz: Pinkuin Satz und Datentechnik, Berlin
Druck und Bindung: CPI books GmbH, Leck
Printed in Germany

GPSR (General Product Safety Regulation)-Kontakt: W1-Verlage GmbH, Dorotheenstraße 64, 22301 Hamburg, gpsr@w1-verlage.de

www.arche-verlag.de
Instagram: @arche_verlag